英語で聴く
未来に語り継き
インタビュー＆スピ

interviews speeches

ベストセレクション

Selection from
ENGLISH
JOURNAL

800本から
厳選

アルク

はじめに

「声の月刊誌」として創刊以来50年余、数多くの音声素材を提供してきたアルクの英語学習月刊誌『ENGLISH JOURNAL』。これまで世界の政財界の大立者や国際的に活躍する作家やアーティスト、文化人、社会活動家、あるいは知る人ぞ知る地域の貢献者など、さまざまな人々のインタビューやスピーチを収録してきました。

世界の第一線に立つ人々の見識や思考に触れられ、息遣いや感情の揺れまで感じ取られる「生の英語」は、これまでにない新しい英語教材として多くの学習者に支持され、愛用されてきました。

本書では、21世紀に入ってから『ENGLISH JOURNAL』に収録されてきた約800本のうち、今も傾聴に値する、未来に語り継ぎたいインタビューやスピーチを11本選び抜いてお届けします。

内容は以下のとおり、多岐にわたっています。

- **理想を掲げるスピーチ：**アメリカの大統領夫妻が人類の理想や希望をうたい上げたスピーチ
- **アメリカと世界の現在と未来：**アメリカや世界情勢へのシビアな予見、戦争の本質に迫る話
- **科学者が見る世界：**高名な動物行動学者による環境保護・人道教育論、ノーベル賞受賞記念講演で示された医療の明るい未来への展望
- **人として、女性として：**元ファーストレディーやフェミニズムのアイコンと呼ばれる女性による寛容でおおらかな社会への切望
- **ニッポンを語る：**日本の深刻な労働問題への提言、日本の里山暮らしを楽しむ女性の「心の平和」の話、「日本語は世界の共通語となり得る」説

これら多彩な賢人たちの肉声は、先の見えない現代を生き抜くためのヒント、あるいは道しるべともなってくれそうです。

各インタビューやスピーチには翻訳や注釈が付いているほか、話し方の特徴や聞きどころなどリスニングガイドも充実しています。繰り返し聞き、読んで「生の英語」「一流の知見」を体感してください。

Contents

賢人たちの肉声を聞き取るために

text by Noboru Matsuoka

松岡 昇●青山学院大学大学院国際政治経済研究科修了。獨協大学、東洋大学講師。専門は、国際コミュニケーション、社会言語学。著書に『日本人は英語のここが聞き取れない』(アルク)、『会話力がアップする英語雑談75』(DHC)、『桂三輝の英語落語』(共著、アルク)、『公式TOEIC Listening & Reading 500+』(制作協力、ETS)など。グローバル人材育成コンサルタントとして大手企業での講演や研修も務める。通信講座「1000時間ヒアリングマラソン」の主任コーチとして長く活躍した。

インタビューやスピーチで英語に触れる意義と効果的な学習法

01) 魅力があふれる生の英語素材

生のインタビューやスピーチ素材にはいくつもの魅力があります。何よりも、耳に聞こえる音声が声優の録音ではなく話し手本人の声であることです。**著名人の思いや考えを本人の肉声で聞き理解できるようになることは**英語学習の醍醐(だいご)味(み)です。本書は、米国大統領からチンパンジー研究家に至るまで、さまざまな分野で活躍する著名人12人を取り上げています。したがって、個性による発音や速度だけでなく、異なる分野の語彙や表現についてもバラエティー豊かです。12人の中には、ノーベル賞を受賞した日本人の山中教授もいます。氏のスピーチは明瞭でウィットに富み、日本人にとっての、英語発信の一つのモデルを示してくれています。

生の英語教材のもう一つの魅力は、教科書などにはない「不完全な英語」の存在です。教科書の英語は完璧なセンテンスの集合体ですが、現実の自然発話にそのような現象は起こりません。会話は瞬間芸ですから、間違いもすれば、言い直しもあり、また、ことばにつまることもあります。それをどのようにどの程度まで繕ってコミュニケーションを円滑に進めているのか。生の素材は、こうした**現実の「正しい不完全な英語」を教えてくれる**貴重な「教科書」でもあります。

02）リスニングは語学の原点

リスニング学習はことばの4技能（聞く、話す、読む、書く）を育成する原点です。リスニング練習を次のページで示す方法で行えばスピーキング力もアップします。スピーキング力のアップは同時にライティング力のアップを意味します。また、リスニングでの理解が上達すれば、音声よりも容易な「文字による理解」、すなわちリーディングも必然的に上達することになります。また、これらのプロセスで語彙力も同時に増強されます。

ただ、リスニングの上達は一筋縄にはいきません。私たち日本人学習者にとって、**英語リスニングには「4つの壁」がある**と考えられます。音声の速度に理解がついていかないという「**速度の壁**」、文字を見ればわかるが音声だけで瞬時に理解できる語彙は不足しているという「**音声語彙の壁**」、自然な発話に生じる音の「連結」や「同化」、「脱落」などの変化のために理解が妨げられるという「**音の変化の壁**」、そして、日本語とは語順が対立する「名詞の後置修飾」という「**語順の壁**」です。これらの壁は一朝一夕にブレイクスルーできるものではありません。とは言っても、物理学の難問を解くようなものでもありません。習慣の問題です。これから紹介する練習を飽きずにやることで、必ず乗り越えることができます。

03）練習方法

「インタビュー（スピーチ）を聞く前に」に目を通した後で以下の練習をします。インタビュー全体を通しでやっても、分割して（例：音声のトラックごとに）やっても結構です。

◆ 初級者〈TOEIC 500点未満〉

【目標】話の「森」（大筋）が見える

- 右の表のSTEP 1～7で練習。音声を聞く回数は適宜増やしてOK。
- ミシェル・オバマ、ジェーン・グドール、ベニシア・スタンリー・スミスについてはSTEP 1～9で挑戦してみましょう。

スピーキングのお手本にしやすい

◆ 中級者〈TOEIC 500～750点〉

【目標】話の「森」と「木」（要点）が見える

- STEP 1～9で練習。
- ミシェル・オバマ、ジェーン・グドール、ベニシア・スタンリー・スミスについてはSTEP 12までやってみましょう。

◆ 上級者〈TOEIC 750点以上〉

【目標】話の「森」と「木」と「枝葉」（詳細）が見える

- STEP 1～3と8～12。音声を聞く回数は適宜減らしてみましょう。

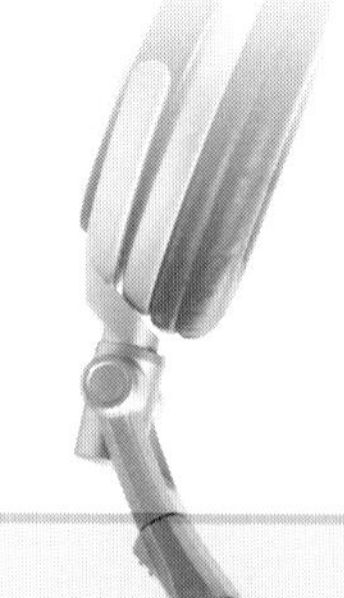

STEP 1：音声を聞き（2、3回）、概要をつかむ（メモを取る）
→ メモを見ながらどんな内容だったか口にしてみる（日本語）

STEP 2：語注を見て、英語を発音しながら語句の意味を確認する

STEP 3：再度、音声を聞き（2回）、概要を正確につかむ（メモを増やす）
→ メモを見ながらどんな内容だったか口にしてみる（日本語）

STEP 4：再度、語注を見て、意味を確認する

STEP 5：再度、音声を聞き（2回）、可能な限り詳細をつかむ（メモを増やす）
→ メモを見ながらどんな内容だったか口にしてみる（日本語）

STEP 6：英文（スクリプト）を一読する（不明な箇所のみ和訳を参照する）

STEP 7：再度、音声を聞き（1回）、内容の詳細を確認する

STEP 8：オーバーラッピング（英文を見ながら音声と一緒に発音）する（1回）

STEP 9：シャドーイング（英文を見ずに音声の後につけて発音）する（2回）

STEP 10：音声を聞きながら、同時通訳をする

STEP 11：和訳を見ながら英文を口頭で再生する

STEP 12：メモを見ながら英語で要約する（できるだけ多く話す）

TIPS

1）メモ

メモ取りは英語でも、英語の略語でも、日本語（漢字、カタカナ）でも構いません。基本的に英語の略語（例：problem → prob）がお薦めですが、漢字やカタカナを混ぜてもいいでしょう。

2）チャンク

複数の語によって形成された意味のかたまりを「チャンク（chunk）」と呼びます。素早く理解するには、一語ずつ追いかけたのでは間に合いません。「チャンクでわしづかみする」習慣をつけましょう。

本書の使い方

本書には11本のインタビューとスピーチが収録されています。
それぞれ、英文スクリプトの前に、リスニングや内容理解の参考になる情報を掲載しています。

ニッポンを語る

京都とイギリスが見事に
調和した手作りの暮らし

ベニシア・スタンリー・スミス *Venetia Stanley-Smith* ハーブ研究家

インタビューの背景

イギリス貴族社会を飛び出してバックパックの旅を続け、インドを経由して日本にたどり着いたベニシア・スタンリー・スミス。1996年に京都・大原に移住し、夫の梶山正とともに改修した古民家で植物に寄り添う里山暮らしを始めたことをきっかけに、さまざまなメディアに取り上げられるようになった。2007年には古民家暮らしをつづった『ベニシアのハーブ便り』を出版。2009年にはさまざまな暮らしや人々との交流、風土を描いたNHKの番組『猫のしっぽ、カエルの手』も始まり、"ベニシアさん"の名前はさらに広く知られることとなった。

このインタビューは、NHKでの番組放映が開始されてまもなく、彼女と長年親交を結んでいるやはり京都在住のアメリカ人ジャーナリストによって行われた。ベストセラーとなった著書が出版された経緯に始まり、彼女の人生観に話は及んでいく。

Interview Data

収録日：2009年9月2日
収録地：京都
取材：キャシー・アーリン・ソコル

Profile

1950年、イギリスの貴族の家に生まれる。19歳の頃、自分らしい生き方を求めてインドへ。'71年に来日。'96年には、京都・大原にある築100年の古民家に出会い、修理しながら住み始める。京都市中で英会話学校を経営するかたわら、庭で育てたおよそ数百種類のハーブを活用して、手作り生活を実践してきた。2009年に始まったNHKのテレビ番組『猫のしっぽ カエルの手～京都大原 ベニシアの手づくり暮らし～』は大きな反響を呼び、繰り返し再放送されている。著書に『ベニシアのハーブ便り』『ベニシアの京都里山暮らし』ほか。

『ベニシアのハーブ便り――京都・大原の古民家暮らし（Venetia's Ohara Herb Diary）』（2007 世界文化社）
イギリス出身の著者が、自分の人生の物語を織り込みながら、ハーブ作りの経験を中心に古民家暮らしをつづっているロングセラー。「この本を読んでたった一人でも、地球環境について考えて、前向きに生きようと思ってくれれば」という思いが込められている。

... the most important thing is to have a serenity to experience tranquility and peace.
最も大切なのは、安らぎを得ることだと感じるんです、穏やかさ、そして平和を味わうための。

158　　Photo: 梶山 正

インタビュー（スピーチ）の背景

『ENGLISH JOURNAL』掲載当時の話し手の状況や、世の中の趨勢が説明されています。英文の内容をスムーズに理解するために、プロフィールも併せて事前に目を通しておくことをお勧めします。

Follow-Up-Column

話し手のその後の活動の軌跡、トピックとなった事象のその後の経緯、話し手の予測や見解についての検証などについて、識者や収録当時のインタビュアー、あるいは話し手本人が解説します。インタビューやスピーチが今なお傾聴に値することが改めてわかる内容です。

Listening Points

収録されている英語の「形式」「速さ」「語彙・表現」「話し方」についての概略が示されています。リスニングの参考にしてください。

トラック番号

1本のインタビュー／スピーチは5つ前後のトラックに分かれています。

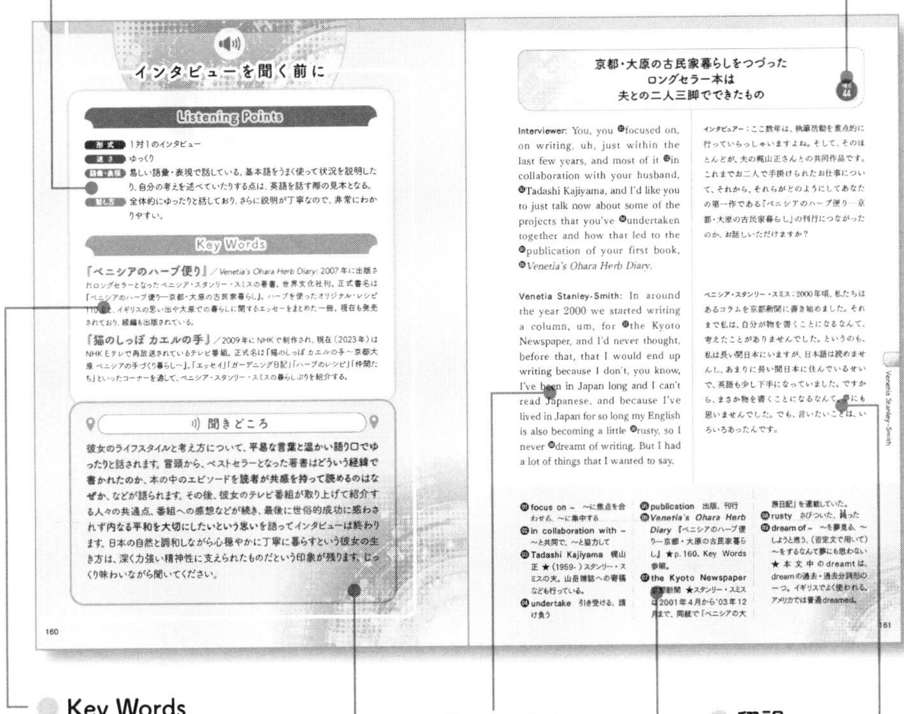

インタビューを聞く前に

Listening Points

形式　1対1のインタビュー
速さ　ゆっくり
語彙・表現　易しい語彙・表現で話している。基本語をうまく使って状況を説明したり、自分の考えを述べていたりする点は、英語を話す際の見本となる。
話し方　全体的にゆったりと話しており、さらに説明が丁寧なので、非常にわかりやすい。

Key Words

『ベニシアのハーブ便り』／*Venetia's Ohara Herb Diary*: 2007年に出版されロングセラーとなったベニシア・スタンリー・スミスの著書。世界文化社刊。正式書名は『ベニシアのハーブ便り─京都・大原の古民家暮らし』。ハーブを使ったオリジナル・レシピ110品と、イギリスの思い出や大原での暮らしに関するエッセーをまとめた一冊。現在も発売されており、続編も出版されている。

『猫のしっぽ カエルの手』／2009年にNHKで制作され、現在（2023年）はNHK Eテレで再放送されているテレビ番組。正式名は「猫のしっぽ カエルの手～京都大原 ベニシアの手づくり暮らし～」。「エッセイ」「ガーデニング日記」「ハーブのレシピ」「仲間たち」といったコーナーを通して、ベニシア・スタンリー・スミスの暮らしぶりを紹介する。

聞きどころ

彼女のライフスタイルと考え方について、平易な言葉と温かい語り口でゆったりと話されます。冒頭から、ベストセラーとなった著書はどういう経緯で書かれたのか、本の中のエピソードを読者が共感を持って読めるのはなぜか、などが語られます。その後、彼女のテレビ番組が取り上げて紹介する人々の共通点、番組への感想などが続き、最後に世俗的成功に惑わされず内なる平和を大切にしたいという思いを語ってインタビューは終わります。日本の自然と調和しながら心穏やかに丁寧に暮らすという彼女の生き方は、深く力強い精神性に支えられたものだという印象が残ります。じっくり味わいながら聞いてください。

160

京都・大原の古民家暮らしをつづったロングセラー本は夫との二人三脚でできたもの

Interviewer: You, you 01focused on, on writing, uh, just within the last few years, and most of it 02in collaboration with your husband, 03Tadashi Kajiyama, and I'd like you to just talk now about some of the projects that you've 04undertaken together and how that led to the 05publication of your first book, 06*Venetia's Ohara Herb Diary*.

インタビュアー：ここ数年は、執筆活動を重点的に行っていらっしゃいますよね。そして、そのほとんどが、夫の梶山正さんとの共同作品です。これまでお二人で手掛けられたお仕事について、それから、それらがどのようにしてあなたの第一作である『ベニシアのハーブ便り─京都・大原の古民家暮らし』の刊行につながったのか、お話しいただけますか？

Venetia Stanley-Smith: In around the year 2000 we started writing a column, um, for 07the Kyoto Newspaper, and I'd never thought, before that, that I would end up writing because I don't, you know, I've been in Japan long and I can't read Japanese, and because I've lived in Japan for so long my English is also becoming a little 08rusty, so I never 09dreamt of writing. But I had a lot of things that I wanted to say.

ベニシア・スタンリー・スミス：2000年頃、私たちはあるコラムを京都新聞に書き始めました。それまで私は、自分が物を書くことになるなんて、考えたことがありませんでした。というのも、私は長い間日本にいますが、日本語は読めませんし、あまりに長い間日本に住んでいるせいで、英語も少し下手になっていました。ですから、まさか物を書くことになるなんて、夢にも思いませんでした。でも、言いたいことは、いろいろあったんです。

01 focus on ~　～に焦点を合わせる、～に集中する
02 in collaboration with ~　～と共同で、～と協力して
03 Tadashi Kajiyama　梶山正 ★（1959- ）スタンリー・スミスの夫。山岳雑誌への寄稿なども行っている。
04 undertake　引き受ける、請け負う
05 publication　出版、刊行
06 *Venetia's Ohara Herb Diary*　『ベニシアのハーブ便り─京都・大原の古民家暮らし』 ★p. 160、Key Words参照。
07 the Kyoto Newspaper　京都新聞 ★スタンリー・スミスは2001年4月から'03年12月まで、同紙で「ベニシアの大原日記」を連載していた。
08 rusty　さびついた、鈍った
09 dream of ~　～を夢見る、～しようと思う、（否定文で用いて）～をするなんて夢にも思わない ★本文中のdreamtは、dreamの過去・過去分詞形の一つ。イギリスでよく使われる。アメリカでは普通dreamed。

Venetia Stanley-Smith

161

Key Words

英文の内容を理解するために絶対に欠かせない固有名詞や用語などをピックアップして解説してあります。事前にぜひ目を通しておいてください。

英文スクリプト

話し手の言いよどみや言い直しなども英文に反映させています。

翻訳

できるだけ英文の構造に添って、英語と日本語訳が対照しやすいようにしています。

聞きどころ

話全体の流れとともに、何に気をつけて聞くとよいか、話し手が特に強調したいところやクライマックスはどこか、さらに話し手の心情についての推測などを説明してあります。特に長めの英文のリスニングに慣れていない人は参考にしてください。

注釈

★以下は、語義・訳語以外についての解説です。

音声について

音声の内容について

- 本書に掲載された11本のインタビューとスピーチはすべて音声が収録されています。一つのインタビューが5つ前後のトラックに分けられ、リスニング学習がしやすくなっています。
- 本書では、収録音声について、トラック1であれば 01 のように表示しています。

音声の活用法について

- 6～9ページの「レベル別指南 賢人たちの肉声を聞き取るために」に学習方法を示してありますので、ぜひご活用ください。

音声の入手方法について

スマートフォンの場合

以下のQRコードから学習用アプリ「booco」をインストールし（無料）、ホーム画面下「さがす」から本書の商品コード7023023で検索し、音声ファイルをダウンロードしてください。

詳しくはこちら https://booco.page.link/4zHd/

パソコンの場合

以下のサイト「アルクのダウンロードセンター」にて本書の商品コード7023023で検索し、音声ファイルをダウンロードしてください。

https://portal-dlc.alc.co.jp/

※本サービスの内容は、予告なく変更する場合がございます。あらかじめご了承ください。

ここから11本の
インタビュー&スピーチ
本編が始まります

Barack Obama

Michelle Obama

Samuel Huntington

Bradley Cooper

Jane Goodall

Shinya Yamanaka

Hillary Clinton

Emma Watson & Gloria Steinem

Paul Krugman

Venetia Stanley-Smith

Roger Pulvers

超大国の大統領から科学者、作家、
里山暮らしを楽しむ人まで
多様なジャンルの話し手が登場します。
順番通りに進んでも、ご自分の興味の
あるところから始めても結構です。
早速聞いてみましょう。

理想を掲げるスピーチ

黒人弾圧の歴史を象徴する地で公民権運動の精神をたたえる

スピーチの背景

1965年3月7日、公民権運動家たちが黒人の投票権を求めてアラバマ州の都市セルマからデモ行進すると、警官隊がこれを暴力で弾圧した。のちに投票権法が制定されるきっかけともなったこの出来事は、「セルマの行進」や「血の日曜日」の名で呼ばれる。

事件のちょうど50年目に当たる2015年3月7日、2期目を務めるオバマ大統領が、記念行事に参列し、弾圧の舞台となったエドマンド・ペタス橋で演説を行った。投票権の精神に逆行するような情勢を憂慮しながら、過去の犠牲や成果の例を挙げて、公民権運動の精神をたたえている。セルマを黒人が「大統領」として訪問し、エドマンド・ペタス橋を渡る姿を目にする日が来たことに、アメリカ人に限らず多くの人々が深い感慨を抱いたことだろう。

Speech Data

収録日：2015年3月7日

収録地：アメリカ、アラバマ州セルマ

Profile

1961年、ハワイ生まれ。

'83年、コロンビア大学卒業。数年の実務経験の後、ハーバード・ロースクールに入学、'91年、卒業。弁護士活動を経て、'96年にイリノイ州議会上院議員に当選。民主党所属。2004年、同州選出連邦上院議員に当選。'08年、共和党のジョン・マケイン候補を破り、'09年1月20日、第44代大統領に就任。初のアフリカ系アメリカ人大統領となった。2期務めたのち、'17年1月に退任。退任後もワシントンD.C.に滞在し、ジョー・バイデンの大統領選挙出馬を支持した。

Photo: ロイター／アフロ

バラク・オバマ

Barack Obama　第44代米国大統領

The march on Selma was part of a broader campaign that spanned generations — the leaders that day part of a long line of heroes.

セルマの行進は、何世代にもわたる広範な運動の一部であり、あの日の指導者たちも、歴代の英雄たちの一部でした。

スピーチを聞く前に

Listening Points

形式 スピーチ

速さ 非常に遅いが時々速くなる

語彙・表現 非常に練られた文章で、難しめの語句も使われ、対比、比喩、踏韻などの手法も多用されている。米国史関連の固有名詞や表現も頻出。

話し方 ゆっくり話しているが、内容が易しいわけではない。間の取り方、声の強弱・高低の使い分けは、スピーチをする際の参考になる。

Key Words

『セルマの行進』『血の日曜日』／Selma March, Bloody Sunday:1965年3月7日（日曜日）、アメリカのアラバマ州セルマで起こった公民権運動にまつわる流血事件。当日、マーティン・ルーサー・キング牧師の指導のもと、約600名の公民権運動家たちが、投票権を求めるためにデモを組織し、セルマのブラウン教会を起点に州都モンゴメリを目指して平和的な行進を開始した。しかし、出発後すぐに警官隊などにより激しい弾圧を受け、デモ隊は追い返された。残酷な流血シーンがテレビで広く報道されたことが、以降、公民権運動を後押しすることとなる。このデモで重傷を負ったジョン・ルイスは1987～2020年に民主党下院議員として活動した。

投票権法／Voting Rights Act：黒人の有権者登録への障害を取り除き、投票権の平等を保障することを目的とした法律。「セルマの行進」事件を追い風として1965年に成立した。しかし2013年に本法の第4条が違憲となり、これによって州政府が自由に投票ルールを設定できることに。南部諸州で差別的な投票制限が導入され始めた。

聞きどころ

出だしでは事件当日の出来事が時系列で静かに語られます。**節目ごとにたっぷり間**をとり、徐々に熱を帯びてきますが、動乱の歴史を羅列するくだりではぐっとボリュームが絞られるなど、**メリハリが効いて**思わず耳を傾けてしまいます。続けて変革を勝ち取っていく経過ではいっそうテンションが上がります。Track 3の冒頭では頂点に達し、**韻を踏みながらほとんどシャウト**するように畳みかけてきます。その後、投票権法の憂慮すべき事態や今後の未来の展望について強弱をつけながら**理性に訴えかけるように語り掛け**、**最後にまたひときわ盛り上げて**人々を熱狂させながらスピーチは終わります。

デモ参加者や運動指導者は その日、決意を胸にどんな時を過ごしていたのか―― セルマの行進の「血の日曜日」を振り返る

Barack Obama: It is a rare honor in this life to ❶follow one of your heroes. And ❷John Lewis is one of my heroes.

バラク・オバマ: 人生において、自分にとっての英雄の後に続くというのは、めったに得られない名誉です。ジョン・ルイスは私の英雄の一人です。

Now, I have to imagine that when a younger John Lewis woke up that morning 50 years ago and made his way to ❸Brown Chapel, ❹heroics were not on his mind. A day like this was not on his mind.

さて、私が想像するに、若きジョン・ルイスが50年前のその朝に目覚め、ブラウン教会に向かっていたとき、英雄的な行為をするつもりはなかったでしょう。今日のような日は頭になかったでしょう。

Young folks with ❺bedrolls and backpacks were ❻milling about. ❼Veterans of the movement trained newcomers in the ❽tactics of ❾nonviolence, the right way to protect yourself when attacked. A doctor described what ❿tear gas does to the body, while ⓫marchers ⓬scribbled down instructions for

寝袋とバックパックを抱えた若者たちがうろうろしていました。ベテランの運動家は新顔の参加者に、攻撃された際に非暴力的な戦術で身を守る正しい方法を伝授していました。医師は催涙ガスが体に与える影響を説明し、デモ参加者は家族と連絡を取る(ときの)ための指示を走り書きしていました。場の空気は、疑念や

❶ **follow** ★この直前に、ジョン・ルイスが演説を行った。
❷ **John Lewis** ジョン・ルイス ★(1940-2020)。ジョージア州選出の民主党下院議員。公民権運動の活動家で、1963～'66年にSNCC(学生非暴力調整委員会)の代表を務めた。「フリーダムライド」(自由のための乗車運動)に初期から参加、セルマの行進で中心的役割を担った。
❸ **Brown Chapel** ブラウン教会 ★1965年3月のデモ行進の出発点となった教会。同年1月にはキング牧師がここで演説を行い、有権者登録推進運動の拠点となっていた。行進は3月7日、9日、21～25日の3回行われた。初回の行進の際、キング牧師は故郷アトランタの教会で職務に当たっており、不在だった。
❹ **heroics** 英雄的行為
❺ **bedroll** (寝袋などの)携帯用寝具
❻ **mill about** うろつく、あてもなく動き回る
❼ **veteran** 経験豊富な人、老練な人
❽ **tactics** 戦術、戦法
❾ **nonviolence** 非暴力(主義)
❿ **tear gas** 催涙ガス
⓫ **marcher** 行進者、デモ参加者
⓬ **scribble down ~** ~を走り書きする

contacting their 01 loved ones. The air was thick with 02 doubt, 03 anticipation and fear. And they 04 comforted themselves with the final 05 verse of the final 06 hymn they sung:

予感、恐怖に満ちていました。そして、人々は、最後に歌った賛美歌の最後の一節で、自らを励ましました。

07 "No matter what may be the test, God will take care of you;
Lean, weary one, upon his breast, God will take care of you."

「たとえいかなる試練があろうと、神はわれらを守りたもう」
「その御胸に頼る弱きもの、神はわれらを守りたもう」

And then, his knapsack stocked with an apple, a toothbrush and a book on government — all you need for a night 08 behind bars — John Lewis led them out of the church on a mission to change America.

その後、ナップサックにリンゴ1個と歯ブラシ、政治に関する1冊の書物――獄中での一夜に必要なすべてのもの――を入れてあったジョン・ルイスは、アメリカを変えるという使命のもと、人々を教会から連れ出し、導いていきました。

In one afternoon, 50 years ago, so much of our 09 turbulent history — the stain of 10 slavery and 11 anguish of 12 civil war, the 13 yoke of 14 segregation and 15 tyranny of 16 Jim Crow, 17 the death of four little girls in Birmingham, and the dream of 18 a Baptist preacher — all that history met on this bridge.

50年前のある午後、わが国の動乱の歴史における非常に多くの要素――奴隷制度という汚点と内戦の苦悩、人種差別のくびきとジム・クロウ法の圧制、バーミンガムでの4人の少女の死と、あるバプテスト派牧師の夢――そうした歴史のすべてが、この橋の上に集いました。

01 **loved ones** 最愛の人、家族
02 **doubt, anticipation and fear** ★言葉や句、文を3回用いる修辞法(rule of three)。この後も多様されている。
03 **anticipation** 予感、期待
04 **comfort** 慰める、元気づける、励ます
05 **verse** 詩の1行、(詩の)節
06 **hymn** 賛美歌、聖歌 ★発音は[hím]。
07 **"No matter . . . take care of you."** ★賛美歌の作詞家シビラ・マーティン(1866-1948)による賛美歌 "God Will Take Care of You" の一節。testは「試すもの、試練」、wearyは「疲れた」の意。
08 **behind bars** 獄中で
09 **turbulent** 騒然とした、動乱の
10 **slavery** 奴隷制度
11 **anguish** 苦悩、苦痛、苦悶
12 **civil war** 内戦 ★南北戦争(1861～'65)を意図していると思われる。
13 **yoke** くびき、束縛、重圧
14 **segregation** 人種差別(待遇)
15 **tyranny** 暴政、暴虐、圧制
16 **Jim Crow (laws)** ジム・クロウ法 ★1960年代まで存在した米南部の州法で、黒人が公共施設を利用することを禁止・制限するものの総称。
17 **the death of . . . girls in**

扇動者と揶揄(やゆ)された参加者は民衆の声の高まりによって歴代の英雄の一部となった

And ⑲as is true across the landscape of American history, we cannot examine this moment ⑳in isolation. The march on Selma was part of a broader campaign that ㉑spanned generations — the leaders that day ㉒part of a long ㉓line of heroes.

アメリカ史を見渡して言えるように、私たちはこの瞬間だけを切り離して検証することはできません。セルマの行進は、何世代にもわたる広範な運動の一部であり、あの日の指導者たちも、歴代の英雄たちの一部でした。

We gather here to celebrate them. We gather here to honor the courage of ordinary Americans ㉔willing to endure ㉕billy clubs and the ㉖chastening rod; tear gas and the ㉗trampling ㉘hoof; men and women who despite the ㉙gush of blood and ㉚splintered bone would ㉛stay true to their ㉜North Star and keep marching towards justice.

私たちは彼らを称賛するためにここに集まっています。警棒や懲らしめの鞭、催涙ガスや踏みつける(馬の)ひづめに耐えることをいとわぬ、普通のアメリカ市民の勇気、血を流し骨を砕かれながらも、自らの目指すところに忠実であり続け、正義への行進を続けようとした男女の勇気をたたえるために、ここに集まっています。

Birmingham ★1963年9月15日、アラバマ州バーミンガムで公民権運動の拠点だった教会が爆破され、黒人の少女4人が死亡した事件を指す。

⑱ **a Baptist preacher** バプテスト派牧師 ★キング牧師を指す。

⑲ **as is true across ~** ～のすべてに当てはまることだが

⑳ **in isolation** 孤立して、切り離して

㉑ **span** (～に)及ぶ、(～に)広がる

㉒ **part** ★直前にwereが省略されている。

㉓ **line** 系列、歴代

㉔ **willing to do** ～するのを辞さない

㉕ **billy club** 警棒、こん棒

㉖ **chastening rod** 懲らしめのむち ★黒人国歌とも称される "Lift Every Voice and Sing" の歌詞の引用。chastenの発音は[tʃéisn]。

㉗ **trample** 踏みつける

㉘ **hoof** ひづめ

㉙ **gush** (液体の)ほとばしり、噴出

㉚ **splinter** 粉々にする、破片にする

㉛ **stay true to ~** ～に忠実でいる

㉜ **North Star** 北極星 ★常に同じ位置に見えることから、航海での目標物とされ、転じて不変の目標などに例えられる。

In time, their chorus would ⓪①well up and reach President ⓪②Johnson. And he would send them protection, and speak to the nation, ⓪③echoing their call for America and the world to hear: "⓪④We shall overcome." *(applause)* What enormous faith these men and women had — faith in God, but also faith in America.

やがて、民衆一同の声が高まり、ジョンソン大統領に届いたのです。そして、大統領は彼らを保護し、アメリカと世界に対して耳を傾けるよう訴える彼らの声を引用して、国民に向かって「勝利をわれらに」と語り掛けました。*(拍手)*これらの男女は、何と深い信頼を抱いていたことでしょう——神に対してだけでなく、アメリカに対しても。

The Americans who crossed this bridge, they were not physically ⓪⑤imposing. But they gave courage to millions. They held no ⓪⑥elected office. But they led a nation. They marched as Americans who had endured hundreds of years of ⓪⑦brutal violence, countless daily ⓪⑧indignities — but they didn't seek special treatment, just the equal treatment ⓪⑨promised to them almost a century before. *(applause)*

この（エドマンド・ペタス）橋を渡ったアメリカ人たちは、押し出しが立派だったわけではありませんが、何百万もの人々に勇気を与えました。選ばれて公職に就いていたわけではありませんが、国を導きました。何百年にもわたる野蛮な暴力と無数の日常的な侮蔑に耐えてきたアメリカ人として、彼らは行進しました——しかし、彼らが求めていたのは特別な待遇ではなく、1世紀近く前に自分たちに約束された平等な扱いだけでした。*(拍手)*

What they did here will ⑩reverberate through the ages. Not because the change they won was ⑪preordained; not because their victory was complete; but because they proved that nonviolent change

彼らがここで成し遂げたことは代々語り継がれていくでしょう。それは、彼らの勝ち取った変革が運命づけられたものだったからでも、その勝利が完全なものだったからでもありません。暴力によらない変革が可能であり、愛と希望が憎しみに打ち勝ち得るのだと、彼らが証明

⓪① **well up** （感情などが）高まる、湧き出る
⓪② **(Lyndon) Johnson** （リンドン・）ジョンソン ★（1908-73）。第36代アメリカ大統領（在任1963-69）。
⓪③ **echo** （同意して）繰り返す
⓪④ **We shall overcome** ★1960年代に公民権運動の象徴となった楽曲"We Shall Overcome"からの引用。
⓪⑤ **imposing** 印象的な、人目を引く
⓪⑥ **elected office** 選出公職、選挙で選ばれた公職
⓪⑦ **brutal** 残酷な、野蛮な
⓪⑧ **indignity** 尊厳を傷つける行為、無礼、侮辱的待遇
⓪⑨ **promised ...** ★南北戦争終戦後の1865年、奴隷制度を禁止した、合衆国憲法修正第13条の批准などを指す。
⑩ **reverberate** 反響する、繰り返し聞かれる、何度も語られる
⑪ **preordain** 予定する、（〜の）運命をあらかじめ定める

is possible, that love and hope can conquer hate.

したからです。

As we ⓬commemorate their achievement, we are well ⓭served to remember that at the time of the marches, many in power ⓮condemned rather than praised them. Back then, they were called ⓯Communists, or ⓰half-breeds, or outside ⓱agitators, sexual and moral ⓲degenerates, and worse — they were called everything but the ⓳name their parents gave 'em. Their faith was questioned, their lives were threatened, their ⓴patriotism ㉑challenged.

彼らの功績をたたえるとき、あの行進の際には、権力の座にあった多くの者が、彼らを称賛するのではなく非難したということを、思い起こすべきでしょう。当時、彼らは、共産主義者、混血児、外部からの扇動者、性的・道徳的な堕落者と呼ばれ、さらにひどい呼ばれ方をされ——両親がつけてくれた名前以外の、ありとあらゆる呼び方をされました。彼らの信念が問われ、生命が脅かされ、愛国心が疑われました。

1965年3月7日、セルマの行進に参加した公民権運動活動家のジョン・ルイスを棍棒で打ち据える警官　Photo: AP/アフロ

⓬ **commemorate**　記念する、（行事・儀式を行って）祝う、称賛する
⓭ **serve**　（物が人に）役立つ
⓮ **condemn**　非難する、糾弾する
⓯ **Communist**　共産主義者、共産党員
⓰ **half-breed**　混血児　★侮蔑語。
⓱ **agitator**　扇動者、活動家
⓲ **degenerate**　堕落した人
⓳ **name**　★正しくはnames。
⓴ **patriotism**　愛国心
㉑ **challenge**　（～の妥当性を）疑う　★直前にwasが省略されている。

And yet, what could be more American than what happened in this place? *(applause)* What could more ⓪①profoundly ⓪②vindicate the idea of America than ⓪③plain and ⓪④humble people — ⓪⑤unsung, the ⓪⑥downtrodden, the dreamers not ⓪⑦of high station, not ⓪⑧born to wealth or ⓪⑨privilege, not of one religious tradition but many — coming together to shape their country's course?

しかしながら、この場所で起こったこと以上にアメリカ的なことがあり得るでしょうか？（拍手）慎み深い平凡な市民以上に、アメリカの理念の正しさを根底から立証できるものが、ほかにあるでしょうか——無名の、踏みつけにされた人々、高い身分でもなく、富も特権も持たぬ家柄に生まれ、一つだけでなくさまざまな宗教的伝統を持つ、理想を追い求めた人たち——母国の進む道を形づくるために団結した、そんな市民以上に。

黒人、女性、移民、同性愛者——あらゆるアメリカ人に機会の扉が開かれたが闘いはまだ終わらない

(cheers) Because of what they did, the doors of opportunity ⑩swung open not just for black folks, but for every American. Women marched through those doors. ⑪Latinos marched through those doors. Asian-Americans, gay Americans, Americans ⑫with disabilities — they all came through those doors. *(applause)* Their ⑬endeavors gave the entire South the chance to rise

（歓声）彼らが成し遂げたことのおかげで、機会の扉が、黒人だけでなく、あらゆるアメリカ人に開かれました。女性たちがこの扉を通っていきました。ラテンアメリカ系の人々もこの扉を通っていきました。アジア系アメリカ人、同性愛者のアメリカ人、障害のあるアメリカ人——そうした人々も皆、この扉を通っていきました。（拍手）彼らの努力のおかげで、南部全体に、過去を再び求めるのでなく、過去を超越することによって、再び立ち上がるチャンスが与えられたのです。

- ⓪① **profoundly** 深く、心から
- ⓪② **vindicate** （～の）正しさを立証する、擁護する
- ⓪③ **plain** 普通の、平凡な
- ⓪④ **humble** 謙虚な、つつましやかな
- ⓪⑤ **unsung** たたえられていない、（不当にも）世に知られていない
- ⓪⑥ **downtrodden** 踏みつけられた、虐げられた
- ⓪⑦ **of high station** 身分が高い、高貴な身分の
- ⓪⑧ **born to ~** ～の家庭・環境に生まれる
- ⓪⑨ **privilege** 特権
- ⑩ **swing open** さっと開く
- ⑪ **Latino** （アメリカの）ラテンアメリカ系住民
- ⑫ **with disabilities** 障害のある
- ⑬ **endeavor** 努力、試み
- ⑭ **reassert** 重ねて主張する
- ⑮ **transcend** 超越する
- ⑯ **glorious** ★キング牧師が1961年に行った演説の一節 "In our glorious fight for civil rights ..."を想起させる。

again, not by ⓮reasserting the past but by ⓯transcending the past.

What a ⓰glorious thing, ⓱Dr. King might say. And what a ⓲solemn debt we ⓳owe. Which leads us to ask, just how might we ⓴repay that debt?

何と栄誉に満ちたことだろう、とキング牧師なら言うかもしれません。そして、何と厳粛な恩義を私たちは負っていることか。そこから、「私たちはどうやってその恩義に報いることができようか？」という問いが浮かんできます。

㉑First and foremost, we have to recognize that one day's ㉒commemoration, ㉓no matter how special, is not enough. If Selma taught us anything, it's that our work is never done. The American experiment in ㉔self-government gives work and purpose to each generation.

何よりもまず、どれほど特別なものであっても、1日限りの記念式典では十分でないことを、認識しなくてはなりません。セルマが私たちに何かを教えたとしたら、それは、私たちの仕事は決して終わらない、ということです。アメリカの自治における試みは、それぞれの世代に課題と目的を与えるのです。

We know the march is not yet over. We know the race is not yet won. We know that reaching that blessed destination where we are ㉕judged, all of us, by the content of our character requires admitting as much, ㉖facing up to the truth.

行進はまだ終わっていないことを、私たちは知っています。闘いにまだ勝利していないことを、私たちは知っています。私たち皆が、人格の中身によって審判を受けるあの神聖なる目的地にたどり着くためには、そう認めなくてはならない、真実に立ち向かわなければならないことを、私たちは知っています。

この語は、p.27、14行目でも使われている。

⓱ **Dr. King** キング牧師 ★Martin Luther King Jr. (1929-68)。アメリカの牧師、公民権運動の指導者。1964年にノーベル平和賞を受賞した。

⓲ **solemn** 厳粛な、重々しい、重大な

⓳ **owe a debt** 恩義がある

⓴ **repay** （～に）報いる、（～の）お返しをする

㉑ **first and foremost** いの一番に、何はさておき

㉒ **commemoration** 記念（すること）、記念祝典

㉓ **no matter how ~** どんなに～であっても

㉔ **self-government** 自治、民主政治

㉕ **judged ... by the content of our character** ★キング牧師が1963年に行った"I Have a Dream"の演説からの引用。

㉖ **face up to ~** ～に正面から立ち向かう

セルマの行進から50年後の今、民主主義の象徴ともいえる投票権法が弱体化している

Right now, in 2015, 50 years after Selma, there are laws across this country designed to make it harder for people to vote. As we speak, more such laws are being proposed. Meanwhile, the [01]Voting Rights Act, the [02]culmination of so much blood, so much sweat and tears, the product of so much sacrifice [03]in the face of [04]wanton violence, the Voting Rights Act stands weakened, its future [05]subject to political [06]rancor.

セルマから50年を経た2015年の今でも、人々の投票をより困難にするような法律が、国中に存在しています。こうしている間にも、そのような法案がさらに提出されようとしています。同時に、投票権法が、たくさんの血と汗と涙の賜物(たまもの)であり、残忍な暴力に立ち向かう中で生じた非常に多くの犠牲の産物である投票権法が、弱体化し、その将来は政治的憎悪の影響下にあります。

How can that be? The Voting Rights Act was one of the [07]crowning achievements of our democracy, the result of [08]Republican and [09]Democratic efforts. *(applause)*

なぜそんなことになるのでしょう？　投票権法は、わが国の民主主義における最高の功績の一つであり、共和党と民主党の努力の成果でした。*(拍手)*

President [10]Reagan signed its [11]renewal when he [12]was in office. President [13]George W. Bush signed its renewal when he was in office. *(applause)* One hundred members

レーガン大統領は在任中、この法律の期間延長に署名しました。ジョージ・W・ブッシュ大統領も在任中、期間延長に署名しました。*(拍手)* それを守る権利のために死をもいとわなかった人々をたたえるために、100人の連邦議

[01] **Voting Rights Act**　投票権法　★黒人の有権者登録への障害を取り除き、投票権の平等を保障することを目的とした法律。1965年制定。p.16、Key Words参照。

[02] **culmination**　達成、成就

[03] **in the face of ~**　～をものともせず、～にもかかわらず

[04] **wanton**　非人道的な、無慈悲な

[05] **subject to ~**　～の影響下にある、～にさらされている　★このsubjectは形容詞。

[06] **rancor**　遺恨、憎悪、悪意

[07] **crowning**　ずば抜けた、最高の

[08] **Republican**　共和党の

[09] **Democratic**　民主党の

[10] **(Ronald) Reagan**　(ロナルド・)レーガン　★(1911-2004)。第40代アメリカ大統領(在任1981-89)。

[11] **renewal**　(契約などの)更新、期限延長

[12] **be in office**　在職している、政権を握っている

of ⓮Congress have come here today to honor people who were willing to die for the right to protect it. If we want to honor this day, let that hundred go back to ⓯Washington and gather 400 more and, together, ⓰pledge to make it their mission to ⓱restore that law this year. That's how we honor those on this bridge. *(applause)*

員が、今日ここに駆けつけています。この日をたたえたいのであれば、その100人にワシントンに戻って、さらにもう400人を集めてもらい、共に、今年この法律を復活させることを責務とするよう、誓ってもらおうではありませんか。それこそが、私たちがこの橋の上にいた人々をたたえる方法なのです。*(拍手)*

演説のノーカット版は、https://obamawhitehouse.archives.gov/photos-and-video/video/2015/03/07/president-obama-delivers-remarks-50th-anniversary-selma-marchesより閲覧できる

⓭ **George W. Bush** ジョージ・W・ブッシュ ★(1946-)。第43代アメリカ大統領(在任2001-09)。なお、レーガン(❿参照)もブッシュも共和党所属(オバマは民主党)。

⓮ **Congress** (アメリカの)連邦議会

⓯ **Washington** ★政府所在地であるワシントンDCを指す。

⓰ **pledge to do** ～すると誓う、～すると固く約束する

⓱ **restore** ★2013年6月、米連邦裁判所が投票権法の第4条を、黒人の有権者が増えた現状とそぐわないとして、違憲(無効)と判決を下した。第4条は、(州の)投票権法改定に連邦議会の承認を必要とする州を規定したもの。第4条が無効化されたことで、議会の事前承認について定めた第5条も、事実上施行されなくなった。これらを指して、「復活させる」と言っている。

若い世代を中心に
子どもたちが空高く羽ばたける
未来をつかんでほしい

We respect the past, but we don't ❶pine for the past. We don't fear the future; we grab for it. America's not some fragile thing. We are large, in the words of ❷Whitman, containing ❸multitudes. We are ❹boisterous and ❺diverse and full of energy, ❻perpetually young in spirit. That's why someone like John Lewis at the ❼ripe old age of 25 could lead a ❽mighty march.

私たちは、過去に敬意を表しますが、過去に焦がれることはありません。私たちは、未来を恐れることなく、つかみ取ります。アメリカは脆弱（ぜいじゃく）な存在ではありません。ホイットマンの言葉を借りれば、私たちは広大で、多くのものを包含しています。私たちは、生命力にあふれ、多種多様であり、エネルギーに満ち、心は永遠に若い。だからこそ、25歳という若さのジョン・ルイスのような人物が、力強い行進を率いることができたのです。

And that's what the young people here today and listening all across the country must take away from this day. You are America. ❾Unconstrained by habit and convention. ❿Unencumbered by what is, because you're ready to seize what ought to be.

そして、それこそが、今日ここに集い、また国中で耳を傾けている若者たちが、今日のこの日から持ち帰らなくてはいけないことです。あなた方がアメリカなのです。習慣や因習に縛られない。現状に妨げられない。なぜなら、あなた方には、あるべき姿を手につかむ用意ができているからです。

For everywhere in this country, there are first steps to be taken, there's new ground to ⓫cover, there

この国の至る所に、踏み出すべき最初のステップが、踏破すべき新たな地表が、渡るべき多くの橋があります。そして、心が若く恐れを

❶ **pine for ~**　~を切望する、~に思い焦がれる

❷ **(Walt) Whitman**　（ウォルト・）ホイットマン　★（1819-92）。アメリカの詩人、随筆家。自由詩の父と称される。代表作の詩集『草の葉』に、I am large, I contain multitudes. という一節があり、オバマの表現はこれに基づいている。

❸ **multitude**　多くのもの、群衆　★定冠詞theを付けて「民衆」の意味で使われることもある。

❹ **boisterous**　騒々しい、生命力にあふれた

❺ **diverse**　種々の、多様な

❻ **perpetually**　永久に、果てしなく

❼ **ripe old age**　高齢、老齢、（驚くべき若さで何かを成し遂げたときに）若年

❽ **mighty**　強力な、偉大な

❾ **unconstrained**　拘束されない

❿ **unencumbered**　妨げられない

are more bridges to be crossed. And it is you, the young and fearless ⑫at heart, the most diverse and educated generation in our history, who the nation is waiting to follow.

知らない皆さん、わが国の歴史において最も多様で教育のある世代である、皆さんこそ、この国が後に続こうとして待っている人たちなのです。

Because Selma shows us that America's not the project of any one person. Because the ⑬single most powerful word in our democracy is the word "We." "⑭We the People." "We Shall Overcome." "⑮Yes We Can." *(applause)* That word is owned by no one. It belongs to everyone. Oh, what a, what a glorious task we are given, to continually try to improve this great nation of ours.

なぜなら、アメリカは誰か一人の人間のプロジェクトなどではないということを、セルマが私たちに示しているからです。わが国の民主主義において、唯一最強の言葉は「We(私たち)」だからです。「私たち国民」。「われらに勝利を」。「イエス、ウイ・キャン」。*(拍手)* この語は、誰のものでもありません。すべての人のものです。私たちは、この偉大な国家を、絶えずより良くしようと努めるという、なんと名誉に満ちた責務を与えられていることでしょうか。

Fifty years from ⑯Bloody Sunday, our march is not yet finished, but we're getting closer. Two hundred and thirty-nine years after this nation's founding, our union is not yet perfect, but we are getting closer. Our job's easier because somebody already got us through that first mile. Somebody already got us over that bridge.

「血の日曜日」から50年、私たちの行進はまだ終わっていませんが、終着点に近づきつつあります。この国の建国から239年、私たちの団結はいまだ完璧なものではありませんが、完璧に近づきつつあります。先人のおかげで最初の1マイルを通過できたために、私たちの仕事は前よりも楽になっています。先人のおかげで、私たちはすでにあの橋を渡らせてもらいました。

⑪ **cover** 踏破する、旅する
⑫ **at heart** 心の底では、内実は
⑬ **single** (最上級を強めて)まさに、唯一の
⑭ **We the People** われら人民 ★アメリカ合衆国憲法の前文にこの表現が使われている。
⑮ **Yes We Can.** ★2008年の大統領選で、オバマが用いたスローガン。
⑯ **Bloody Sunday** 血の日曜日 ★デモ行進中に、警官隊による弾圧が起きた、1965年3月7日のこと。p.16、Key Words参照。

When it feels the road's too hard, when the ⓿¹torch we've been passed feels too heavy, we will remember these early travelers, and draw strength from their example, and hold firmly to the words of the ⓿²prophet ⓿³Isaiah: "Those who hope in the Lord will renew their strength. They will ⓿⁴soar on ⓿⁵the wings like eagles. They will run and not grow ⓿⁶weary. They will walk and not be ⓿⁷faint." *(applause)*

行く手があまりに険しく思われるとき、手渡されたトーチがあまりに重く感じられるとき、私たちは、この初期の旅人たちのことを思い出し、その手本から力を引き出し、預言者イザヤの言葉をしっかり心に抱くことでしょう。「主に望みをおく人は新たな力を得、鷲のように翼を張って上る。走っても弱ることなく、歩いても疲れない」。*(拍手)*

We honor those who walked so we could run. We must run so our children soar. And we will not grow weary. For we believe in the power of an ⓿⁸awesome God, and we believe in this country's ⓿⁹sacred promise.

私たちが走っていけるように、先に歩いてくれた人々をたたえます。私たちは走らなくてはなりません、子どもたちが空高く羽ばたけるように。私たちが弱ることはありません。なぜなら、私たちは畏怖すべき神の力を信じ、この国の聖なる誓いを信じているからです。

⓾May he bless those warriors of justice ⑪no longer with us, and bless the United States of America. Thank you, everybody. *(applause)*

今は亡き正義の戦士たち、そしてアメリカ合衆国に、神の祝福がありますように。皆さん、ご清聴ありがとうございました。*(拍手)*

Special thanks to the White House

（訳：増田恵里子）

01 torch　たいまつ、トーチ　★ジョン・F・ケネディ大統領の就任演説（1961年）の一節"the torch has been passed to a new generation of Americans"を想起させる。

02 prophet　預言者　★発音は[práfit | prɔ́f-]。

03 Isaiah　イザヤ　★旧約聖書に登場する、紀元前8世紀のヘブライの預言者。発音は[aizéiə]または[aizáiə]。引用は旧約聖書のイザヤ書第40章31節。なお、eagle（[ハクトウ] ワシ）は、アメリカの国章に使用されている。

04 soar　空高く舞い上がる

05 the　★このtheは不要。

06 weary　疲れ切った、くたびれた

07 faint　ふらふらして、疲れ切って、気を失いそうな

08 awesome　畏敬の念を起こさせる

09 sacred　神聖な、聖なる

10 May he bless ~　～に神の祝福がありますように　★he

はGodのこと。God bless ~の類似表現。

⓫ **no longer with us** もうこの世にはいない

理想を掲げるスピーチ

北京の大学生に つながりと多様性の 意義を語り掛ける

ミシェル・オバマ

Michelle Obama

第44代米国大統領夫人

スピーチの背景

2014年当時、2期目を務めていたオバマ大統領のファーストレディーであるミシェル・オバマは、その知性と、親しみの持てるファッションセンス、また、裕福でない家庭に生まれてキャリアを築いたという経歴により、働く女性からアフリカ系市民まで、幅広い支持を集めていた。彼女のスピーチは、夫のバラク・オバマが2008年の大統領選を戦っていた頃から高く評価されており、2012年の民主党大会での演説は、オバマ再選への追い風となった。米中関係がそれほど緊張していなかった頃に北京大学で行われたこのスピーチも、わかりやすい表現で、海外留学と、インターネットを用いた交流の意義を、聴衆（主に中国人学生とアメリカ人学生）に強く印象付けるものとなっている。

Speech Data

収録日：2014年3月22日／収録地：中国・北京

Profile

1964年、イリノイ州シカゴ生まれ。
プリンストン大学およびハーバード・ロースクールを卒業後、シカゴの法律事務所に勤務。'92年、同僚弁護士のバラク・オバマと結婚、2人の娘に恵まれる。2009年、夫の大統領就任に伴い、アフリカ系アメリカ人初のファーストレディーとなる。大統領夫人としての活動でも高い評価を得ており、'12年の夫の大統領再選にも貢献した。

Photo: AP／アフロ
2014年9月、国連総会を終え、夫とともに専用機に搭乗するミシェル・オバマ（左）

You do it by immersing yourself in one another's culture, by learning each other's stories, by getting past the stereotypes and misconceptions that too often divide us.

互いの文化に身を浸し、互いの歴史を学び、私たちを隔てることがあまりにも多い
固定観念や誤解を乗り越えることによって、協力の習慣は養われるのです。

スピーチを聞く前に

Listening Points

形式 スピーチ
速さ やや遅い
語彙・表現 いわゆる難しい語はほとんどない。
話し方 明瞭な発音でゆっくり話している。間の取り方や例の挙げ方などは、スピーチの参考にできる。

Key Words

10万人中国留学計画／100,000 Strong initiative：2009年にオバマ大統領が発表した留学プログラムで、中国語を操れるアメリカ人を増やす狙いがあった。ミシェルは市民レベルの外交の重要さの例としてこの計画に言及している。

聞きどころ

彼女の魅力が十分に発揮されているスピーチです。まず「ニーハオ!」の呼び掛けで**聴衆の注意を引いてからその親しみやすく、温みのある口調**で話を続けていきます。聴衆の大学生に「国家間の若い人々の交流は外交に非常に重要」と語り掛けたり、中国のことわざや「西安の古代寺院」を引き合いに出したりなど、**聞き手へのリスペクトや配慮**が感じられます。そして、そういう気づかいによって、「異文化を肌で体験して固定観念や誤解を乗り越えることが、世界全体をよりよくする」「全国民の意見が聞き入られるときに国が力を増す＝社会の中の意見を抑圧してはいけない」といった**重要なメッセージがまっすぐに聞き手に届いている**ように思えます。

1万冊の書物より1万マイルの旅——若者たちの国家間の交流は政治的にも経済的にも重要

Michelle Obama: Ni hao. *(laughter)* It is such a pleasure and an honor to be here with all of you at this great university, so thank you so much for having me. I'm here today because I know that our future depends on ⓿¹connections among young people like you ⓿²across the globe.

ミシェル・オバマ：ニーハオ。（笑い）この名門大学で皆さんとご一緒できることは大きな喜びであり、光栄なことです。お招きくださってありがとうございます。本日、私がここにおりますのは、私たちの未来が、あなた方のような世界中の若い人々の交流に懸かっていることを、知っているからです。

Now, that's why when ⓿³my husband and I travel abroad, we don't just visit ⓿⁴palaces and ⓿⁵parliaments and meet with ⓿⁶heads of state. We also come to schools like this one to meet with students like you, because we believe that relationships between nations aren't just about relationships between governments or leaders; they're about relationships between people, particularly young people. So we ⓿⁷view study abroad programs not just as an educational opportunity for students but also as a ⓿⁸vital part of America's ⓿⁹foreign policy.

ですから、夫と私が海外を訪問するときには、宮殿や議会を訪れて国家元首とお会いするだけではありません。こちらのような学校にも伺って、皆さんのような学生の方々ともお会いします。なぜなら私たちは、国家間の関係について重要なのは、単に政府間や指導者間の関係だけではなく、人々の間の、とりわけ若い人々の間の関係である、と信じているからです。従って、私たちは、海外留学プログラムを、学生の教育機会であるだけでなく、アメリカの外交政策の非常に重要な一部でもあると考えています。

- 01 **connection** 関係、交わり
- 02 **across the globe** 全世界の ★globeは「地球、世界」の意。
- 03 **my husband** ★第44代アメリカ大統領バラク・オバマのこと。
- 04 **palace** 宮殿
- 05 **parliament** 議会、国会
- 06 **head** 指導的地位の人物、長
- 07 **view A as B** AをBだと見る、AをBだと考える
- 08 **vital** 不可欠な、重要な、肝要な
- 09 **foreign policy** 外交政策

Through the [01]wonders of modern technology, our world is more connected than ever before. Ideas can cross oceans with the click of a button. Companies can do business and [02]compete with companies across the globe. And we can [03]text, email, [04]Skype with people on every [05]continent.

驚異的な現代技術のおかげで、私たちの世界は、かつてないほど密接につながっています。ボタンをクリックするだけで、アイデアが海を越えることができます。企業は世界中の企業とビジネスをし、競い合うことができます。そして、私たちは、あらゆる大陸に住む人々と、携帯電話やパソコンでメールをやりとりし、スカイプで会話することができます。

So studying abroad isn't just a fun way to spend a [06]semester; it is quickly becoming the key to success in our global economy. Because [07]getting ahead in today's workplaces isn't just about getting good grades or test scores in school, which are important, *(laughter)* it's also about having real experience with the world beyond your borders — experience with languages, cultures and societies very different from your own. Or, as the Chinese [08]saying goes: it is better to travel 10,000 miles than to read 10,000 books.

ですから、海外留学は、単に1学期を楽しく過ごす方法というだけでなく、グローバル経済で成功するための鍵に、急速になりつつあるわけです。というのも、現代の職場で一歩先んじるために重要なのは、学校で良い成績やテストの点を取ることだけではなく――それはそれで大事なことではありますが(笑い)――国外に出て世界を肌で体験する、母国のものとは大きく異なる言語や文化、社会を、体験することでもあるからです。あるいは、中国のことわざにあるように、「1万冊の書物を読むより、1万マイル旅した方が良い」ということです。

01 wonder 驚異、驚嘆
02 compete with ~ ～と競争する
03 text (携帯電話で)メールを打つ、メールを書いて送信する
04 Skype スカイプで会話をする ★Skypeはマイクロソフト社が提供する無料のインターネット電話サービス。ここでは動詞として使われている。
05 continent 大陸
06 semester (アメリカ・ドイツなどの2学期制の大学の)学期
07 get ahead 成功する、出世する、頭角を現す
08 saying ことわざ、格言
09 when it comes to ~ ～のことになると、～に関して言えば
10 defining 決定的な、特徴付けるような
11 challenge 課題、難問、難題
12 nuclear weapon 核兵器
13 confront (～に)立ち向かう、(～に)直面する
14 immerse oneself in ~ ～

固定観念や誤解を乗り越え
協力の習慣を養うことで
世界の難題に一丸となって立ち向かえる

But let's be clear, studying abroad is about so much more than improving your own future. It's also about shaping the future of your countries and of the world we all share. Because ⓽when it comes to the ⓾defining ⓫challenges of our time — whether it's climate change, or economic opportunity, or the spread of ⓬nuclear weapons — these are shared challenges. And no one country can ⓭confront them alone. The only way forward is together.

けれども、はっきり申し上げておきたいのは、海外留学は、自分自身の将来を向上させるよりも、ずっと大きな意味があるのです。それぞれの母国や、私たち皆が共有している世界の、将来を形づくるものでもあるのです。現代を特徴付ける難題に関して言うなら——それが気候変動であれ、経済機会であれ、核兵器の拡散であれ——(世界に)共通する難題であるからです。それらに一国だけで立ち向かえる国はありません。前進する唯一の方法は、協力することなのです。

That's why it is so important for young people like you to live and study in each other's countries, because that's how you develop that habit of cooperation. You do it by ⓮immersing yourself in one another's culture, by learning each other's stories, by ⓯getting past the ⓰stereotypes and ⓱misconceptions that too often ⓲divide us.

だからこそ、あなた方のような若い人々が互いの国で暮らし学ぶことが、非常に重要です。そうすることで、協力する習慣が養われるからです。互いの文化に身を浸し、互いの歴史を学び、私たちを隔てることがあまりにも多い固定観念や誤解を乗り越えることによって、協力の習慣は養われるのです。

に没頭する、～にふける

⓯ **get past ~**　～をくぐり抜ける、～を克服する

⓰ **stereotype**　固定観念、ステレオタイプ

⓱ **misconception**　誤解、勘違い

⓲ **divide**　分ける、分割する、(～の) 仲を裂く

That's how you ⓿¹come to understand how much we all share. That's how you realize that we all ⓿²have a stake in each other's success: that ⓿³cures discovered here in ⓿⁴Beijing could save lives in America; that clean energy technologies from ⓿⁵Silicon Valley in California could improve the environment here in China; that the ⓿⁶architecture of an ancient temple in ⓿⁷Xi'an could ⓿⁸inspire the design of new buildings in ⓿⁹Dallas or ⑩Detroit.

そうすることで、私たち皆がどれだけ多くを共有しているかを、理解するようになります。そうすることで、私たちは皆、互いの成功に関わりがあるということを、実感するのです。ここ北京で発見された治療薬は、アメリカの人々の命を救うかもしれない、カリフォルニアのシリコンバレー発のクリーンエネルギー技術は、ここ中国の環境を改善するかもしれない、西安の古代寺院の建築（様式）は、ダラスやデトロイトの新しい建造物の設計の着想となるかもしれないのです。

スピーチの中で、「ダラスやデトロイトの新しい建造物の設計の着想となるかもしれない」と引き合いに出された西安の寺院 ©CanStockPhoto

01 **come to do**　～するようになる

02 **have a stake in ~**　～に関係がある、～に関心がある ★stakeは「利害関係、関与、関心」の意。

03 **cure**　治療、治療法、治療剤

04 **Beijing**　北京　★中国の首都。人口2000万を超える中国第2の都市。英語での発音は [bèiʒíŋ]。

05 **Silicon Valley**　シリコンバレー　★アメリカ、カリフォルニア州サンフランシスコ南部のサンタクララバレー周辺を指す呼称。IT企業の一大拠点として有名。

06 **architecture**　建築（様式）、構造

07 **Xi'an**　西安　★中国中部に位置する都市で、古くは古代王朝の都であり、多くの史跡が残っている。英語での発音は [ʃìːáːn]。

08 **inspire**　（～に）ひらめきを与える、（霊感によって作品など

あらゆる人種、あらゆる社会的、経済的な背景の人々の間につながりを築きたい

But still, too many students never have this chance, and some that do ⓫are hesitant to take it. They may feel like studying abroad is only for ⓬wealthy students or students from certain kinds of universities. Or they may ⓭think to themselves, "Well, that sounds fun, but how will it be useful in my life?" And believe me, I understand ⓮where these young people are coming from because I felt the same way back when I was in college.

けれども、いまだに、こうしたチャンスをまったく得られない学生が多過ぎます。また、チャンスを得ても、それを選び取ることをためらう学生もいます。海外留学は、裕福な学生や、特定の種類の大学の学生のためだけにあるものだ、と感じるのかもしれません。あるいは、「まあ、楽しそうだけれど、自分の人生にどう役立つだろう？」とひそかに考えるのかもしれません。信じていただきたいのですが、そうした若者たちが何を考えているか、私にはわかります。なぜなら、私も大学生の頃、同じように感じていたからです。

See, I come from a ⓯working-class family, and it never ⓰occurred to me to study abroad. Never. My parents didn't get a chance to attend college, so I ⓱was focused on getting into a university, earning my ⓲degree so that I could get a good job to support myself and help my family. And I know for a lot of young people like me, who are ⓳struggling

つまり、私は労働者階級の家庭の出身で、海外に留学することなど、考えたこともありませんでした。一度も。両親は大学に行く機会が得られなかったので、私は、良い職を得て自活し、家族を助けられるようになろうと、大学に入って学位を取得することに力を注ぎました。普通の1学期分の学費を工面することで四苦八苦している、（昔の）私のような多くの若者にとって、地球の反対側までの飛行機代やそこでの生活費を支払うことは、不可能です。ですが、そ

を）生むきっかけとなる

⓽ **Dallas**　ダラス　★アメリカ、テキサス州北部に位置する都市。アメリカ南部の金融・経済の中枢。

⓾ **Detroit**　デトロイト　★アメリカ、ミシガン州南東部に位置する都市。自動車工業都市として知られてきた。

⓫ **be hesitant to do**　～するのをためらう

⓬ **wealthy**　裕福な、富裕な

⓭ **think to oneself**　ひそかに考える

⓮ **where ~ is coming from**　～が考えていること、～の見解、～の気持ち　★くだけた表現。

⓯ **working-class**　労働者階級の

⓰ **occur to ~**　～の心に（考えなどが）浮かぶ

⓱ **be focused on ~**　～に集中する

⓲ **degree**　学位

⓳ **struggle to do**　～しようと奮闘する、～しようと骨を折る

to ⓪①afford a regular semester of school, paying for plane tickets or living expenses ⓪②halfway around the world just isn't possible. And that's not acceptable, because study abroad shouldn't just be for students from certain ⓪③backgrounds.

れは受け入れがたいことです。海外留学は、特定の環境で育った学生だけのものであってはならないからです。

Our hope is to build connections between people of all ⓪④races and social and economic backgrounds, because it is that ⓪⑤diversity that truly will ⓪⑥change the face of our relationships. So, we believe that diversity makes our country ⓪⑦vibrant and strong, and our study abroad programs should ⓪⑧reflect the true spirit of America to the world.

あらゆる人種、あらゆる社会的、経済的な背景の人々の間に、つながりを築くことが、私たちの願いです。なぜなら、私たちの関係の在り方を本当に変えるのは、まさにそういう多様性であるからです。多様性こそが、わが国に活力と力を与えるものであり、わが国の海外留学プログラムは、真のアメリカ精神を世界に示すものであるべきだ、と信じています。

⓪① **afford** 〜する経済的余裕がある
⓪② **halfway around the world** 地球の反対側までの、地球の裏側での
⓪③ **background** 環境、育ち、経歴
⓪④ **race** 人種
⓪⑤ **diversity** 多様(性)、相違(点)
⓪⑥ **change the face of ~** 〜の様相を変える
⓪⑦ **vibrant** 活発な、活動的な ★発音は[váibrənt]。
⓪⑧ **reflect** 反映する、表す
⓪⑨ **100,000 Strong initiative** 10万人中国留学計画 ★initiativeは「先導的行為、改善策」の意。p.32、Key Words参照。
⑩ **normalization** 正常化
⑪ **graduate** 大学を卒業した、学資の資格を持つ、大学院の
⑫ **Mandarin** 北京語、北京官話 ★北京で話される中国語の方言で、中国の公用語。また、現代標準中国語は、北京

And that's why when my husband visited China back in 2009, he announced the ⓽100,000 Strong initiative — to increase the number and diversity of American students studying in China. And this year, as we mark the 35th anniversary of the ⓾normalization of relationships between our two countries, the U.S. government actually supports more American students in China than in any other country in the world.

そのため、2009年に夫が中国を訪れた際、「10万人中国留学計画」を発表しました。中国で学ぶアメリカ人学生の数と多様性を増すためです。そして、両国の国交正常化35周年に当たる今年（2014年）、アメリカ政府が支援している、中国に留学するアメリカ人学生の数は、実際、ほかのどの国へのアメリカ人留学生の数より多いのです。

「市民外交という新しい時代」の兆しを中国留学したアメリカ人学生たちも実感した

We are sending high school, college and ⓫graduate students here to study Chinese. We're inviting teachers from China to teach ⓬Mandarin in American schools. And the U.S.-China ⓭Fulbright Program is still going strong, with more than 3,000 ⓮alumni.

アメリカは、高校生、大学生、大学院生を中国語習得のために、ここ中国へ送り出しています。アメリカの学校で北京語を教える教師を、中国から招聘（しょうへい）しています。そして、アメリカ・中国のフルブライトプログラムは、3000人以上の卒業生を抱え、ますます強固なものになっています。

語の発音を基本としている。

⓭ **Fulbright Program** フルブライト・プログラム ★アメリカの研究者、大学院生などを対象とした国際交換プログラム、および奨学金制度の総称。

⓮ **alumnus** 卒業生、同窓生 ★alumniはこれの複数形で、発音は[əlʌ́mnai]。

Take the example of Royale Nicholson, who's from ⓪¹Cleveland, Ohio. She attends New York University's program in ⓪²Shanghai. Now, like me, Royale is a ⓪³first-generation college student. And her mother worked two full-time jobs while her father worked nights to support their family. And of her experience in Shanghai, Royale said — and this is her ⓪⁴quote — she said, "This city ⓪⁵oozes ⓪⁶persistence and inspires me to ⓪⁷accomplish all that I can."

オハイオ州クリーブランド出身のロイヤル・ニコルソンの例をお話ししましょう。彼女は上海で、ニューヨーク大学のプログラムに参加しています。私と同様、ロイヤルも、家族の中で初めての大学生です。彼女の母親はフルタイムの仕事を2つ掛け持ちし、父親は家族を養うため夜間に働いていました。上海での経験について、ロイヤルはこう言っています――彼女の言葉を引用します――「この都市は、粘り強さを発散していて、自分にできることをすべて成し遂げようという気にさせてくれます」。

And then there's Philmon Haile from the University of Washington, whose family came to the U.S. as ⓪⁸refugees from ⓪⁹Eritrea when he was a child. And of his experience studying in China, he said, "Study abroad is a powerful ⑩vehicle for people-to-people exchange as we move into a new ⑪era of ⑫citizen diplomacy."

それから、ワシントン大学のフィルモン・ハイリがいます。彼の家族は、彼が幼い頃にエリトリアから難民としてアメリカにやってきました。中国で学んだ経験について、彼は「海外留学は、私たちが市民外交という新たな時代に進んでいく際に、人々が交流するための強力な手段となる」と語っています。

01 Cleveland クリーブランド ★アメリカ、オハイオ州北東部に位置する都市。

02 Shanghai 上海 ★人口2400万を超える中国最大の都市。長江河口南岸に位置する。英語での発音は[ʃǽŋhái]。

03 first-generation 第3世代の ★もともとは「移民後に生まれた最初の世代の」または「外国から帰化した」を意味する語。

04 quote 引用文、引用語句

05 ooze 発散する、にじみ出させる ★発音は[ú:z]。

06 persistence 粘り強さ、しつこさ

07 accomplish 成し遂げる

08 refugee 難民、避難民、亡命者 ★発音は[rèfjudʒí:]。

09 Eritrea エリトリア ★アフリカ北東部に位置する国。スーダン、エチオピア、ジブチと国境を接する。1993年にエチオピアから独立。英語での発音は[èritrí:ə|-tréiə]。

10 vehicle (目的達成の)手段

“A new era of citizen diplomacy.” I could not have said it better myself, because that’s really what I’m talking about. I am talking about ordinary citizens ⓭reaching out to the world. And as I always tell young people back in America, you don’t need to get on a plane to be a citizen diplomat. I tell them that if you have an Internet connection in your home, school, or library, within seconds you can be transported anywhere in the world and meet people on every continent.

「市民外交という新たな時代」。言い得て妙ですね。それこそが、今、私がお話ししていることなのです。つまり、一般市民が世界と触れ合う、ということです。常々、アメリカで若者たちに話していることですが、市民外交官となるために飛行機に乗る必要はありません。アメリカの若者にはこう言っています。家庭や学校、図書館で、インターネットに接続しているのなら、あなた方は世界のどこへでも瞬時に行くことができ、あらゆる大陸にいる人々に会うことができる、と。

本来インターネットに接続すれば、いながらにして瞬時に世界中とつながれるはず……
©CanStockPhoto

⓫**era**　時代
⓬**citizen diplomacy**　市民外交　★diplomacyは「外交」の意。p.41、9行目のdiplomatは「外交官」の意。
⓭**reach out to ~**　～に手を差し伸べる、～に接触する

表現の自由、信仰の自由、情報を利用する自由は人が生まれながらに持つ権利

And that's why it's so important for information and ideas to ⓿¹flow freely over the Internet and through the media, because that's how we discover the truth. That's how we learn what's really happening in our communities, and our country, and our world. And that's how we decide which values and ideas we think are best — by questioning and debating them ⓿²vigorously, by listening to all sides of an argument, and by judging for ourselves.

だからこそ、情報やアイデアがインターネット上やメディアを通じて自由に流れることが、非常に重要なのです。そこから、私たちは真実を発見するからです。そこから、私たちは、地域社会や国、世界で実際に何が起きているのかを知るのです。そこから、私たちは、どの価値観やアイデアが最良だと思うかを、決めるのです。それらについて問い掛けて活発に討論し、一つの議論のあらゆる側面に耳を傾け、自身で判断することによって。

And it's not always easy, but we wouldn't ⓿³trade it for anything in the world. Because ⓿⁴time and again, we have seen that countries are stronger and more ⓿⁵prosperous when the voices of, and opinions of, all their citizens can be heard.

そして、それは必ずしも容易なことではありませんが、私たちはそれを、世界のどんなものとも引き換えるつもりはありません。というのも、すべての市民の声や意見が聞き入れられるときに、国が力を増して、より栄える例を、私たちは繰り返し目にしてきたからです。

We respect the uniqueness of other cultures and societies, but

私たちは、ほかの文化や社会の独自性を尊重しています。ただ、表現の自由、信仰の自由、万

01 **flow** （絶え間なく）流れるように動く、流れていく
02 **vigorously** 活発に、精力的に
03 **trade A for B** AをBと交換する
04 **time and again** 何度も繰り返して、再三再四
05 **prosperous** 繁栄している、栄えている
06 **worship** 崇拝する、賛美する
07 **open access to ~** ～への自由なアクセス
08 **universal right** 普遍的権利
09 **birthright** 生得権、生まれながら持つ権利
10 **embodiment** 具体化されたもの、具現、体現
11 **guarantee A that . . .** Aに……ということを保証する
12 **John F. Kennedy** ジョン・F・ケネディ ★（1917-'63）。第35代アメリカ大統領（在任は1961～'63）。

when it comes to expressing yourself freely and ⓪⑥worshipping as you choose and having ⓪⑦open access to information, we believe those ⓪⑧universal rights, they are universal rights, that are the ⓪⑨birthright of every person on this planet.

人が情報を利用できることに関しては、そうした普遍的な権利を信じています。それらは普遍的な権利であり、この地球上のあらゆる人にとって生得権です。

And as you learn about new cultures and form new friendships during your time here in China and in the United States, all of you are the living, breathing ⑩embodiment of those values. So I ⑪guarantee you that in studying abroad, you're not just changing your own life, you are changing the lives of everyone you meet.

そして、ここ中国やアメリカで過ごす間に、新たな文化について学び、新たな友情を育むとき、皆さんは、そうした価値観を生きて体現する存在となるのです。海外で学んでいるとき、皆さんは、自身の人生を変えるだけでなく、自分が出会うすべての人の人生をも変えているのだと、確実に申し上げられます。

And as the great American President ⑫John F. Kennedy once said about foreign students studying in the U.S., he said "I think they teach more than they learn." And that is just as true of young Americans who study abroad. All of you are America's best face, and China's best face, to the world — you truly are.

アメリカの偉大な大統領ジョン・F・ケネディは、かつて、アメリカで学ぶ外国人学生について、「彼らは、自分たちが学ぶ以上に、教えてくれていると思う」と語りました。それは海外で学ぶ若きアメリカ人についても当てはまることです。皆さんは、世界に対するアメリカの最良の面であり、中国の最良の面なのです。本当にそうです。

Every day, you show the world your countries' energy and creativity and ❶optimism and ❷unwavering belief in the future. And every day, you remind us — and me ❸in particular — of just how much we can achieve if we reach across borders and learn to see ourselves in each other, and confront our shared challenges with shared ❹resolve.

あなた方は日々、母国のエネルギーや創造性、楽観主義、未来への確固たる信頼を、世界に示しています。そして、私たちに——とりわけ私に——日々思い起こさせてくれているのです。国境を越えて手を差し伸べ、互いの中に自分を見いだせるようになり、共通の難題に共通の決意で臨めば、どれだけ多くを成し遂げられるか、ということを。

So I hope you all will keep seeking these kinds of experiences. And I hope you'll keep teaching each other, and learning from each other, and building ❺bonds of friendship that will ❻enrich your lives and enrich our world for decades ❼to come.

ですから、皆さんがこうした経験を求め続けてくださるよう、願います。また、教え合い、互いから学び、友情の絆を結んで、これから何十年にもわたって自分の人生やこの世界を豊かにしていくよう、願っています。

You all have so much to offer, and I ❽cannot wait to see all that you achieve together in the years ahead.

皆さんには(世界に)提供できるものがたくさんあります。将来、皆さんが協力して成し遂げるあらゆることを目にするのを、待ち切れない思いです。

Thank you so much. Xie xie.

ご清聴ありがとうございました。シェイシェイ。

Special thanks to the White House

(訳:増田恵里子)

❶ **optimism** 楽観主義
❷ **unwavering** 動揺しない、ぐらつかない、しっかりした
❸ **in particular** 特に、とりわけ
❹ **resolve** 決意、決心
❺ **bond** 絆、縁、結束
❻ **enrich** 豊かにする、(～の)価値を高める
❼ **~ to come** これからの～、来るべき～
❽ **cannot wait to do** ～するのが待ち切れない、～するのが待ち遠しい

Follow-Up-Column

―――― 今、改めて味わうオバマ夫妻のスピーチ ――――

厳しい現実を経験した二人が掲げる理想の深みと重み

渡辺 靖（慶應義塾大学 環境情報学部教授）

オバマ夫妻による二つの演説を改めて動画で視聴した。まだ10年も経っていないが、随分と時代は変わってしまったと実感する。ミシェル夫人が北京大学で強調したのは国境を超えた相互理解の大切さだった。オバマ大統領は市民一人一人の勇気や行動がアメリカ社会を一歩一歩前進させてきたことを1960年代の公民権運動の転機となったアラバマ州セルマで力説した。

今日では、米中関係は通商や安全保障をめぐる対立ばかりが強調されるようになり、ミシェル夫人のような語りは「ナイーブすぎる」と一蹴されそうだ。オバマ大統領が鼓舞した楽観的なビジョンは※連邦議会襲撃事件（2021年）に象徴される重い現実を前に霞んで見える。

オバマ夫妻はしばしば理想主義者と括（くく）られがちだが、私自身はむしろかなりの現実主義者だと考えている。黒人としてさまざまな差別や偏見と向き合い、全米最大規模のスラム街とも称されるイリノイ州シカゴ南部を活動拠点としてきた二人が能天気なわけがない。プラハ演説で「核なき世界」を訴えたオバマ大統領だが、ノーベル平和賞受賞時のオスロ演説では「正戦論」（正しい戦争はあるとの考え）を唱え、反戦平和を訴える左派から批判されたこともある。

現実的であることは重要だ。現実に裏打ちされない理想は夢物語に過ぎない。しかし、理想に導かれない現実は虚無でしかない。そう、理想的であることもやはり重要だ。現実の重さを熟知しつつも、その先に希望や理想を見出した二人の姿こそが重要であり、この二つの演説の最大の魅力がある。そして、厳しい現実を経験した者が語る理想だからこそ深みと重みがある。

「対立」や「分断」の度合いを増しているのはアメリカだけではない。理想主義を嘲笑する現実主義や刹那主義、虚無主義が跋扈（ばっこ）する今こそ、改めて夫妻の演説は読み返すに値しよう。いつか日本からもこんな言葉を紡げるリーダーが生まれることを願っている。

※2021年1月6日、前年の大統領選挙の結果を無効だとして、トランプ支持者たちが議事堂を襲撃した事件

アメリカと世界の現在と未来

イラク戦争を予言した政治学者が危惧する米国内の“文明の衝突”

このインタビューのトラック11の音声は、収録時の状況により、雑音が入るなどお聞き苦しい点がございます。どうぞご了承ください。

インタビューの背景

アメリカを代表する国際政治学者だった故サミュエル・ハンチントン。彼は問題作『文明の衝突』(1996)で、今後、世界は西欧文明とその他の文明との対立により混乱に向かうと予測し、それは後に9・11の同時多発テロ事件という目に見える形で的中した。

2004年に世界同時発売された『分断されるアメリカ』では、移民・異文化の流入により、国内に複数の文明を抱え、アイデンティティーを失いつつあるアメリカの危機について説いている。多様性を重んじ過ぎると、アメリカの権力機構が崩壊し、破綻国家になる、という彼の論はいかにも共和党保守派のようだが、しかし彼は終生民主党員だった。「彼が排他的とは思えない。遠大な文明的展望から物を言っているに過ぎないのだ」とアメリカ研究の碩学(せきがく)、故越智道雄氏は述べている。ハンチントンの2冊の書の予測は、20年後もさまざまな局面で現在の情勢とシンクロしているようにも見える。

このインタビューは『分断されるアメリカ』が出版されて間もない頃に行われた。

Interview Data

収録日:2004年6月16日
収録地:アメリカ、マサチューセッツ州
取材:大野和基

Profile

1927年、ニューヨーク生まれ。
18歳でイエール大学卒業。
'58年、コロンビア大学政治学准教授/戦争と平和研究所副所長に就任。
'63年、ハーバード大学政治学教授に就任(終身)。
'67年より国務省でベトナム戦争に関する報告書を執筆。
'77～'78年には国家安全保障会議のコーディネーターを務めた。
2008年逝去。

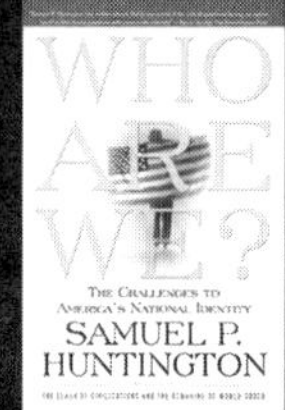

『分断されるアメリカ』(2004)
多様性を重んじてきたゆえに、今のアメリカは分断の危機にあると説く書。原題は*Who Are We? The Challenges to America's National Identity*。写真はペーパーバック版(Simon & Schuster)

Photo: Richard Kalvar/Magnum Photos／アフロ

サミュエル・ハンチントン

Samuel Huntington　国際政治学者

... there are a number of factors, which make this current Hispanic immigration different, and which just raise questions as to whether assimilation will occur and what type of assimilation it will be.

数々の要因によって、現在のヒスパニック系移民は異なった存在となっており、同化が起こるのかどうか、（起こるとしたら）それはどんな形になるのか、といった疑問が、否応なく生じています。

2014年1月、「イスラムと民主主義」がテーマのシンポジウムで議長を務めるサミュエル・ハンチントン

SEBASTIAN

インタビューを聞く前に

Listening Points

形式 1対1のインタビュー

速さ 標準

語彙・表現 難しい。政治学・社会学に関する人名や書名などの固有名詞や用語、抽象的な語彙が頻出する。

話し方 それほど速くなく、言い直しも少ないので音は聞き取りやすい。かつ極めて論理的だが、内容が難しいので話の流れについていくようにしたい。

Key Words

『分断されるアメリカ』／*Who Are We?: The Challenges to America's National Identity*：インタビュー当時のハンチントンの新著（『分断されるアメリカ――ナショナル・アイデンティティの危機』／2004）。ハンチントンはこの中でアメリカ人のナショナル・アイデンティティーを「アングロ・サクソン的な文化・伝統」「プロテスタント的な主義・信条」などと定義している。そしてアメリカは移民・異文化の流入により、国内に複数の文明を抱えており、アイデンティティーの危機にさらされている、としている。

『文明の衝突』／*The Clash of Civilizations and the Remaking of World Order*：冷戦後の世界を8つの文明圏に分け、21世紀の国際情勢はこれら文明圏の相互の衝突に特徴づけられると説き、ベストセラーとなった書（1996）。基になったのはハンチントンが1993年に国際政治学専門誌Foreign Affairsに発表した論文、"The Clash of Civilizations?"。9・11事件をいち早く予測していたとして、改めて話題になった。

聞きどころ

骨のある内容です。氏の**著作の内容を理解してから取り組みましょう**。レベルによっては、まず**和訳を読んで、内容を大まかに押さえてから聞く**ことをお勧めします。インタビューの冒頭から『分断されるアメリカ』の内容を理解している前提での質問と答えが続きます。聞き手は、ハンチントン氏の考えは多様性を認めない排他的なものではないか、と質問し、氏はそれを否定するという応酬が続きますが、ここはインタビューの核です。**聞き手は「多様性を受け入れるべき」という理想論に立っており、氏は極めて現実主義者的な学者としての立場から俯瞰して論じて**います。最後は『文明の衝突』で9・11を予測した話で結びます。しっかり耳を傾けましょう。

アメリカ人のナショナル・アイデンティティーは文化と政治的信条、2つの点で今、揺らいでいる

Interviewer: Today, I'm speaking with Professor Samuel Huntington in his office at Harvard University.

⓪①Do you think that ⓪②national identity for Americans ⓪③is at stake?

インタビュアー：本日は、サミュエル・ハンチントン教授に、ハーバード大学の研究室でお話を伺います。

アメリカ人のナショナル・アイデンテイティーは危機に瀕していると思われますか？

Samuel Huntington: Do you mean it's, is it under ⓪④challenge?

サミュエル・ハンチントン：難題を抱えているか、という意味ですか？

Interviewer: Under challenge, yes.

インタビュアー：難題を抱えているか、ええ、そうです。

Huntington: Well, I think there are a number of ⓪⑤developments which are producing changes in American national identity, or could produce changes in American national identity. And American national identity has changed over the course of the centuries. For a ⓪⑥good part of our history, we had a racial identity; America was a white country, that ⓪⑦Congress ⓪⑧legislated that.

ハンチントン：そうですね。アメリカ人のナショナル・アイデンティティーに変化を生んでいる、というか、アメリカ人のナショナル・アイデンティティーに変化を生み出す可能性がある、いろいろな事態が生じているとは思います。そして、アメリカ人のナショナル・アイデンティティーは何世紀かの間に変化しました。国の歴史上かなりの長きにわたって、アメリカ人は人種的アイデンティティーを持っていました。アメリカは白人の国でした。そして連邦議会はそのことを法制化したのです。

⓪① **Do you think . . .** ★トラック11までの音声は収録時の状況により聞きづらくなっています。ご了承ください。

⓪② **national identity for Americans** アメリカ人のナショナル・アイデンティティー ★p. 48、Key Words参照。

⓪③ **be at stake** 危機に瀕して

⓪④ **challenge** （能力を試される）課題、難題

⓪⑤ **development** 進展、展開、新事態

⓪⑥ **good** 相当の、かなりの

⓪⑦ **Congress legislated that** ★編集の都合でカットしたが、この後、ハンチントンは、アメリカを白人の国たらしめるために連邦議会が行った法制化の例として、黒人奴隷制度、アメリカ先住民の強制移住、19世紀後半からの中国人排斥法、移民法などによるアジア人排斥、などを挙げている。

⓪⑧ **legislate** 法制化する、立法によって（ある状態に）させる

And now we happily have ⓿①abandoned that, and we now think of ourselves as a ⓿②multiracial society. We also thought of ourselves originally as a British society, and that was our ⓿③ethnicity. But [with] various waves of the ⓿④immigration, we now ⓿⑤come to think ourselves as a ⓿⑥multiethnic ⓿⑦as well as a multiracial society. And so our identity has changed.

さて、私たちはいまやそうした考えを喜んで捨て去り、アメリカを多人種社会だと考えています。同時に、私たちはもともとアメリカを英国人社会だと考えていましたし、それが私たちの民族意識だったのです。ところが、さまざまな移民の流入により、今では、私たちはアメリカが多人種社会であるばかりか、多民族社会でもあると考えるようになりました。ですから、アメリカ人のアイデンティティーは変化したのです。

The two remaining elements of American national identity since the 17th and 18th centuries are, I think, our culture, which obviously has ⓿⑧evolved but still remains primarily the culture of the founding ⓿⑨settlers who were British ⑩Protestants who settled here on (the) East Coast of North America. And the set of political ⑪principles that the Swedish ⑫sociologist ⑬Gunnar Myrdal called "⑭the American creed." And I think those are the key elements in American identity at the present time, and, to some degree, they are, now under challenge in a variety of ways. That is really what I deal with in ⑮my book.

17、18世紀以来残っているアメリカ人のナショナル・アイデンティティーの2つの要素は、私が思うに、(1つ目は)私たちの文化でしょう。アメリカの文化は明らかに進化しましたが、北アメリカのここ、東海岸に入植した英国人プロテスタントである建国当時の入植者たちの文化が、依然として主流であり続けています。そして、(2つ目は)スウェーデンの社会学者グンナー・ミュルダールが「アメリカの信条」と呼んだ一連の政治的信条です。そして現在のアメリカ人のアイデンティティーにおいては、そうしたことが中心的な要素であると考えます。そして今、あるレベルまで、そうした要素はさまざまな形で試されています。実はそれこそが、私が新著で扱っていることなのです。

⓿① **abandon** 捨てる、置き去る
⓿② **multiracal** 多人種の、多人種から成る
⓿③ **ethnicity** 民族性、民族意識
⓿④ **immigration** 移民
⓿⑤ **come to do** ～するようになる
⓿⑥ **multiethnic** 多民族の、多民族から成る、多民族的な
⓿⑦ **A as well as B** BだけでなくAも
⓿⑧ **evolve** 進化する、発展する
⓿⑨ **settler** 移住者、開拓者
⑩ **Protestant** 新教徒、英国協会派信徒
⑪ **principle** 指針、主義
⑫ **sociologist** 社会学者
⑬ **Gunnar Myrdal** (カール・)グンナー・ミュルダール ★(1898-1987)。スウェーデンの経済学者、政治家。1974年にノーベル経済学賞を受賞。主著に『アジアのドラマ』('68、邦訳は東洋経済新報社刊)など。
⑭ **the American creed** アメ

アングロ・プロテスタント文化中心の国がヒスパニックの文化を抱えることで国家の分断が助長される？

Interviewer: As you pointed out in the book that ⑯Anglo Protestant culture has been central to American identity for three centuries. You suspect that America could evolve in the direction of a ⑰bifurcated America with two cultures: Anglo Protestants and ⑱Hispanic. And you argue that this is not good for America ⑲in terms of keeping national identity.

Huntington: No, well, well, it would be a major change in national identity. I don't say it's bad, necessarily bad, but it would be a big change if we — from a country with a single culture and a single national language — we became a country with two cultures and two national languages. ⑳There are several countries in the world which have two cultures and two languages: Canada, Belgium — Switzerland has three languages. And those are all very democratic,

インタビュアー：新著で指摘されたように、アングロ・プロテスタント文化は3世紀にわたってアメリカ人のアイデンティティーの中心だったわけですね。教授はアメリカがアングロ・プロテスタントとヒスパニックという2つの文化を有する、二分されたアメリカという方向に発展する可能性があると考えていらっしゃいますね。そして、ナショナル・アイデンティティーの維持という点からいうと、こうした動きはアメリカのためにならないと主張されていますが。

ハンチントン：いいえ、つまり、その、そうした変化はナショナル・アイデンティティーの大変革になるでしょう。それが悪い、必ずしも悪いとは言いませんが、もしアメリカが――単一文化と単一の公用語を持つ国から――アメリカが2つの文化、2つの公用語の国になるとしたら、それは大きな変化でしょう。世界には、カナダやベルギーなど2つの文化、2つの公用語を持つ国も幾つかあります――スイスには3つの公用語があります。こうした国々はすべて、非常に民主的で、繁栄し、かつ安定した国々です。ですから、アメリカにとって2文化、2公用語の国になることは、必ずしも破滅的な結果を招くわ

リカの信条　★ミュルダールが1944年に著した*An American Dilemma*で使用した表現。「自由、平等、勤勉」などの信条を指す。

⑮ **my book**　★『分断されるアメリカ』(p. 48、Key Words参照) のこと。

⑯ **Anglo**　白系米国人の、イングランド人の

⑰ **bifurcated**　分岐した、二またに分かれた

⑱ **Hispanic**　ヒスパニック　★(米国内の) スペイン語を話すラテンアメリカ系住民。

⑲ **in terms of ~**　～の観点から言うと

⑳ **There are several countries . . . Switzerland has three languages.**　★使用者が1%未満の公用語を加えると、ベルギーの公用語は実際には、オランダ語、フランス語、ドイツ語の3つ、スイスの公用語は、ドイツ語、フランス語、イタリア語、ロマンシュ語の4つ。

❶prosperous, ❷stable countries. So it would not necessarily be ❸disastrous for the United States to become a country with two cultures and two languages, but that would be a very different America than the America that has existed.

けではないでしょう。しかし、これまで存在してきたアメリカとは、非常に異なるアメリカになるはずです。

Interviewer: But I'm ❹under impression after I read your book that having one culture is better than having two cultures.

インタビュアー：しかし、教授の著作を拝読して、2つの文化を持つより単一文化の方がいいという印象を受けたのですが。

Huntington: Well, it has been certainly good for the United States to have one culture, and I think mostly part of the success of the United States is a result of that Anglo-Protestant culture, which is very ❺distinctive, ❻responsible in many ❼respects for the ❽unique qualities of the United States. And if we also have Hispanic or Mexican culture — if you look at Mexico, their culture is very different. And I don't know how these two-would ❾adjust to each other.

ハンチントン：ええ、アメリカにとって単一文化であったことは間違いなく良いことでしたし、アメリカの繁栄のほとんどの部分は、アングロ・プロテスタント文化の成果であると思います。アングロ・プロテスタント文化は非常に独特なもので、多くの点でアメリカ固有の特質の要因になっています。さらに、もしアメリカがヒスパニック、あるいはメキシコの文化も抱えるとしたら――メキシコを見てみると、その文化はまったく異なります。であれば、こういう2つの文化が順応し合えるものでしょうか？

❶ **prosperous** 繁栄している、成功した
❷ **stable** 安定した
❸ **disastrous** 破滅を招く、悲惨な
❹ **under impression after I read . . .** ★正しくは、under the impression after reading . . .。
❺ **distinctive** 明確に区別できる、特徴的な
❻ **responsible** （不都合の）原因である
❼ **respect** （特定の）点、事項
❽ **unique** 固有の、特有の
❾ **adjust to ~** ～に適応する、順応する
❿ **division** 分断、分割
⓫ **deal with ~** ～と取引する
⓬ **promote** ～を促進する、助長する

Interviewer: So you are saying that having two cultures makes a nation weaker?

Huntington: Well, it creates a basis of ⑩division, and it means that there are two communities and . . . well, as in Canada, people in the French community mostly ⑪deal with other people in the French community, and the people in the English community deal with other people in the English community. And so it certainly ⑫promotes a division of their country.

インタビュアー：では、2つの文化を有することで、国家は脆弱になるとおっしゃっているわけですね？

ハンチントン：少なくとも、そうしたことは分裂の素地をつくり出します。つまり、2つの共同体が存在するということで……例えば、カナダにおけるように、フランス語圏にいる人々はたいていはフランス語圏の人々と取引をし、英語圏にいる人は英語圏の人々と取引をする。ですから、そうしたことは確実に国家の分断を助長します。

このインタビューの後もヒスパニック系移民のアメリカへの流入は増え続け、カリフォルニア州では2020年の段階で白人の人口を上回っている
Photo: ロイター／アフロ

Interviewer: Some people say that you sound ⓪①exclusive in that respect.

Huntington: No. Well, I don't see why. No, I'm talking about culture. I'm not talking about excluding people. I think immigration has been important to America's success, and I think it still is important. But I think if for ⓪②variety of reasons, which I ⓪③detail in the book, that this wave of Hispanic immigration, largely Mexican, that has happened in the past 30 years or so, is quite different from the previous immigration. On previous immigration, we were able to ⓪④assimilate the immigrants into the Anglo-Protestant culture and into American society. But there are a number of factors, which make this current Hispanic immigration different, and which just raise questions ⓪⑤as to whether ⓪⑥assimilation will occur and what type of assimilation it will be.

インタビュアー：その点で、あなたの主張が排他的に聞こえるという意見もあります。

ハンチントン：そんなことはありません。というより、その理由がわかりませんね。いや、私は、私たちは文化について言っているのです。私は人々を排斥せよと言っているのではありません。アメリカの繁栄にとって移民は重要であったと思っていますし、今でも重要だと思いますよ。ただ、新著で詳述した種々の理由から、過去30年ほどの間に起こったこのヒスパニック系移民の流入は、大半がメキシコ系移民ですが、過去の移民とはまったく異なっていると思うのです。過去の移民に関しては、アングロ・プロテスタント文化やアメリカ社会に同化させることができました。しかし、数々の要因によって、現在のヒスパニック系移民は異なった存在となっており、同化が起こるのかどうか、(起こるとしたら)それはどんな形になるのか、といった疑問が、否応なく生じています。

⓪① **exclusive**　排他的な、相容れない　★3行下のexcludeは動詞で「～を締め出す、排除する」の意味。
⓪② **variety of ~**　バラエティ豊かな～
⓪③ **detail**　(～を)詳しく述べる
⓪④ **assimilate A into B**　A(移民など)をBに(文化的に)同化する、融合する
⓪⑤ **as to ~**　～に関しては
⓪⑥ **assimilation**　同化
⓪⑦ **distinct**　はっきりと異なる
⓪⑧ **the America**　★正しくはthe Americas。
⓪⑨ **imply**　～を暗示する、ほのめかす
⑩ **refer to ~**　～に言及する
⑪ **quote**　～を引用する

アメリカは世界の国々を アメリカ同様にしようとするのではなく 独自の文化・伝統を維持すべき

Interviewer: At the end of the book, you said, "The world becomes America or America becomes the world."

インタビュアー：新著の結びで、「世界がアメリカになるか、アメリカが世界になるかだ」と書いていらっしゃいますね。

Huntington: Yeah, or the two remain ⓻distinct. Yes.

ハンチントン：ええ、あるいは、その二者は異なる存在のままだ、とね。ええ。

Interviewer: Or the two remain distinct. Now how do you think ⓼the America should be in terms of its relationship with the rest of the world in the future?

インタビュアー：あるいは、二者は異なる存在のままだ、と。今後、世界の国々との関係といった点で、南北アメリカはどうあるべきだと思われますか？

Huntington: Well, as I think is ⓽implied by what I say there, I think that America does have this distinct culture, it has this distinct tradition, and it should maintain these distinctive qualities. What I was of course ⓾referring to in the phrases you ⑪quoted were the views of some intellectual and political leaders that we should open our borders totally

ハンチントン：そうですね、著作中で語ったことに暗示されていると思いますが、アメリカは間違いなくこの独自の文化を持ち、この独自の伝統を持っています。そして、アメリカはそうした独自の特性を維持すべきでしょう。言うまでもなく、あなたが引用されたフレーズで私が言及していたのは、一部の知識人や政治指導者の見解であり、それは、私たちが国境を完全に解放し、国籍などが異なる人々がアメリカに来て母語を使い続けるよう促し、ある意味でアメリカ

and should encourage people of different nationalities ❶and so forth to come into the United States, maintain their language, and in a sense make America a mirror image of the world. And that I think would be very unfortunate.

を世界の鏡像とすべきである、という見解です。そして私は、それは非常に不幸な結果をもたらすと思います。

I'm not ❷in favor of the United States going out and trying to make all the rest of the world look like America. I think other people have their own cultures, their own civilizations, and they are not going to change. I think, as I say in the book, this is not going to work. And ❸hence I think it's important to maintain America and its traditions, and I think that's what the American people want.

アメリカが乗り出していって、世界のほかの国々すべてをアメリカのようにしようとすることには、私は賛成しません。他国の人々にはその人たちなりの文化や文明がありますし、そうしたものは変わらないでしょう。著書の中で述べているように、そんなことはうまくいかないと思います。従って、アメリカとその伝統を維持することが重要であり、それこそがアメリカ国民が望んでいることだと思います。

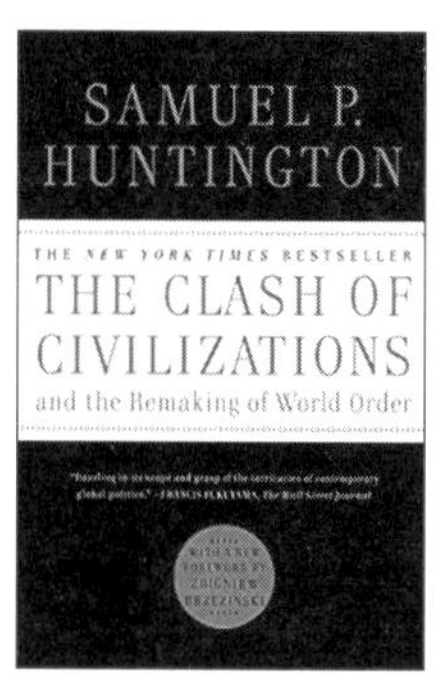

9・11をいち早く予測していた書としてハンチントンの名前を世に広く知らしめることとなった『文明の衝突』(1996)。正式な原題は*The Clash of Civilizations and the Remaking of World Order*。写真はペーパーバック版（Simon & Schuster）

❶**and so forth**　その他もろもろ
❷**in favor of ~**　~に味方して、~に賛成して
❸**hence**　これゆえに、したがって　★文語的表現。
❹**9/11**　9・11事件　★アメリカ同時多発テロ事件。2001年9月11日の朝、イスラムの過激派テロ組織が米国に対して行った4つの関連するテロ攻撃。
❺**predict**　~を予言する
❻***The Clash of Civilizations***　『文明の衝突』　★p. 48、Key Words参照。
❼**momentum**　勢い、趨勢
❽**phase**　段階、局面

予言が当たった「文明の衝突」——宗教が中核を成す紛争はかなり長い間、続くだろう

Interviewer: Let's go to the ❹9/11 and terrorist attacks.

インタビュアー：9・11とテロ攻撃の話に移りましょう。

Huntington: OK.

ハンチントン：ええ。

Interviewer: OK. What you ❺predicted 11 years ago in the book, in ❻*The Clash of Civilizations,* is becoming reality now.

インタビュアー：はい。あなたが著書『文明の衝突』で11年前に予言なさったことが、今、現実のものになりつつあります。

Huntington: Yes.

ハンチントン：はい。

Interviewer: How about the next 10 years, in which direction do you think, predict the world is going? The 9/11 attacks sort of changed the ❼momentum.

インタビュアー：今後10年についてはいかがでしょう、世界はどちらの方向に進むと予測なさいますか？「9・11」のテロ攻撃は、いわば(世界の)趨勢(すうせい)を変えましたね。

Huntington: That's right. Well, I think what we have moved into is of course is a new ❽phase, in which we have a number of local clashes of civilizations going on in many different parts of the world.

ハンチントン：そのとおりです。私たちが進んできたのは、言うまでもなく、新たな局面だと思います。この局面においては世界のさまざまな地域で、数多くの局地的な文明の衝突が見られます。しかし、さまざまな国で、多数のイスラム過激派組織との世界的な衝突も起こってい

But we also now have a global ❶conflict between a large number of ❷militant ❸Islamic groups in different countries: ❹al Qaeda and its partners. And they are operating in 40 or 50 different countries, we know, in Asia and Europe and here. And they have ❺declared war on the West, and particularly on the United States. And so this is a global conflict between an international network of terrorist groups, on the one hand, and Western countries on the other.

ます。アルカイダとその協力者たちですね。彼らは、アジア、ヨーロッパ、ここアメリカの40カ国ないし50カ国で活動しており、西側、特にアメリカに対して宣戦布告しています。ですから、これは、片やテロリスト集団の国際ネットワークと、片や西側諸国の間の世界的な衝突なのです。

Interviewer: So this war will never end?

インタビュアー：では、この戦争は決して終わらない、と？

Huntington: Well, it'll end at some point but I don't think it will end soon.

ハンチントン：まあ、どこかの時点では終わるでしょうが、近いうちに終わるとは思いません。

Interviewer: For over the long run, what kind of . . .

インタビュアー：長期的に見て、どんなたぐいの……

Huntington: Well, I think there are a lar[ge], a number of factors which have contributed to this — economic and social, and the feeling on the part of many Muslims that they

ハンチントン：まあ、こうしたことの原因となった要因が数多くあると思います――経済的要因や社会的要因、そして、自分たちは意思表示をすべきである、これまで自分たちは誇りを傷つけられ従属させられてきたといった、多くのイ

❶ **conflict** 衝突、争い
❷ **militant** 闘争的な、好戦的な
❸ **Islamic** イスラム教の、イスラム教徒の
❹ **al Qaeda** アルカイダ ★イスラム原理主義者オサマ・ビンラディンが、1990年ごろアフガニスタンで結成した国際的なテロ・ネットワーク組織。'98年のケニア、タンザニアの米大使館攻撃、2001年の米同時多発テロにかかわったとされる。
❺ **declare war** 宣戦布告する ★declareは「～を宣言する」。
❻ **humiliate** （～に）屈辱を与える、（～の）誇りを傷付ける
❼ **subordinate** 従属させる、従わせる
❽ **establish** ～を確立する
❾ **the Christianity and the Islam** ★Chrisitan and Islamicのつもり。
❿ **fundamentalism** 原理主義
⓫ **intensive** 強烈な、激しい
⓬ **define** ～の意味を明確に

have to express themselves, and uh, that they've been ⓪⑥humiliated and ⓪⑦subordinated in the past, and they want to try to ⓪⑧establish Muslim power. This is not the way to do it, I don't think, but this is what they're trying to do.

スラム教徒の側の心情。彼らはイスラム教徒の権力を確立することを望んでいます。これ(テロ)はそれを実現させるための方法ではない、そうではないと思いますが、これが彼らがやろうとしていることなのです。

Interviewer: You predicted that the conflict between ⓪⑨the Christianity and the Islam ⑩fundamentalism was going to become more ⑪intensive. Do you think this religious conflict will be more intensive than ever in the future?

インタビュアー: キリスト教とイスラム原理主義の間の衝突がより激化すると予測なさいましたね。将来、こうした宗教紛争はこれまでよりひどくなると思われますか?

Huntington: Well, I ⑫defined it, I talked about a civilizational conflict, and obviously religion is the central element in these civilizations, but I think this conflict will go on for a ⑬considerable ⑭period of time because these terrorist groups are clearly able to ⑮secure new ⑯recruits, and a — I don't know if it will get worse, but I think we'll just have to live with it and, and try to ⑰contain and try to destroy the terrorist groups. I think ⑱President

ハンチントン: ええ、私は明確にそう述べました。文明の衝突について語りました。そして、明らかに、宗教はこれらの文明において中核となる要素です。しかし思うに、この紛争はかなりの間、続くでしょう。こうしたテロリスト集団は間違いなく新兵を確保できますからね。紛争が悪化するかどうかはわかりませんが、とにかくそれと共存し、テロ集団を封じ込め、壊滅させるよう努めなければならないでしょう。ブッシュ大統領の先制(攻撃)という戦略、やられる前にやるという戦略は、明らかに正しい戦略だと思います。

する
⑬ **considerable** かなりの、相当な
⑭ **period of time** 期間
⑮ **secure** ～を確保する
⑯ **recruit** 新兵、補充兵
⑰ **contain** 食い止める、封じ込める
⑱ **President Bush** ブッシュ大統領 ★インタビュー当時、第43代米国大統領を務めていた(在任2001-'09)。9・11事件を受けて「テロとの戦い」を宣言し、イラク戦争に臨んだ。

Bush's ❶strategy of ❷pre-emption, attacking them before they attack us, is clearly the correct strategy.

Interviewer: I see. OK. Thank you very much.

Huntington: OK. Thank you.

Interviewed by Kazumoto Ohno

インタビュアー：なるほど。わかりました。どうもありがとうございました。

ハンチントン：どういたしまして。ありがとう。

（訳：増田恵里子）

❶ **strategy** 戦略
❷ **pre-emption** 先制、先取り

Follow-Up-Column

―――― ハンチントンの予言は当たったのか ――――

文明の衝突、アメリカの分断――長い射程距離での予測は的中か？

大野和基（ジャーナリスト）

2008年に他界したサミュエル・ハンチントンと言えば、話題作*The Clash of Civilizations and the Remaking of World Order*（邦訳『文明の衝突』）が世界的に耳目を集めたことは記憶に新しい。この著書で、世界は西欧文明とイスラムその他の文明との対立によってさらに混乱すると予測している。アメリカの欠点は他の国に乗り出して行って、アメリカ型民主主義を扶植しようとすることであるが、これは明らかにアメリカのhubris（報いをうける傲慢（ごうまん））である。インタビューの中で、氏はアメリカのこの傲慢な行為に反対している。

私がインタビューしたのは、2004年6月で、9・11のテロ攻撃から3年足らず経ったときだった。氏の予測通りにテロ攻撃が起こったようだった。今、我々が目の当たりにしているのはロシアとウクライナ間の戦争であるが、これはロシアと西欧の代理戦争であることは誰の目にも明らかである。もし氏が存命であれば、"I told you so!"と言う声が聞けただろう。この戦争を防ぐことはできたという専門家もいるが、私も同感だ。

このインタビューのテーマは出版されたばかりの*Who are We?: the Challenges to America's National Identity*（邦訳『分断されるアメリカ―ナショナル・アイデンティティの危機』）に沿ったものだったが、氏が著書で主張しているのは、移民の流入によってアメリカがアイデンティティを失いつつあるということである。

例えば、カリフォルニア州オレンジ郡の例を見ると、'22年時点で白人は約132万人で、ヒスパニック系の約115万人をやや上回るが、'40年を境に逆転する見通しである。社会学者のアーリー・ホックシールド氏は、「白人は自らが社会の衰退勢力だと思っている。こうした感覚は人種問題や移民問題で右翼的なポピュリズム（排外主義）とつながりやすく、非常に危うい」と警鐘を鳴らしているが、ハンチントン氏の危惧がそのまま現実になりつつある具体例である。

氏の見解はよく"exclusive"（排他的）であると批判されるが、本人はインタビューで「私は人々を排斥せよと言っているのではない。アメリカの繁栄にとって移民は重要であったと思う」と明言しているように、移民の重要性を説いている。

ちなみに別の場面では世界を5つの種類に色分けすべきだと主張しているが、その一つがテロリスト集団など「仮借なき敵」である。ロシアがこの「仮借なき敵」に入ることは言うまでもないだろう。

アメリカと世界の現在と未来

演技派俳優が伝える「伝説の狙撃手」の苦しみ

ブラッドリー・クーパー

Bradley Cooper 俳優、映画プロデューサー

インタビューの背景

イラク戦争に従軍した米海軍特殊部隊の狙撃手クリス・カイルは、実に160人以上を射殺し、味方からは「伝説」、敵からは「悪魔」と呼ばれた。戦場での極度の緊張に疲弊し帰国した彼は、心身に後遺症を抱える帰還兵の支援を始める。しかし、話題を呼んだ彼の自伝を基に、映画『アメリカン・スナイパー』の製作が進められていた2013年2月、PTSDを患う元海兵隊に射殺される。このインタビューでは、同作でカイルを演じ、製作者にも名を連ねるブラッドリー・クーパーが、映画を通して伝えたかったことを語る。

戦争に参加したカイルの苦しみと痛みがリアルに感じられるこの映画は、「新しい戦前」という言葉が波紋を呼ぶ今の日本に生きるわれわれにとっても、見直す価値があるかもしれない。

Speech Data

収録日：2014年12月13日／収録地：アメリカ、ニューヨーク

Profile

1975年、アメリカ、フィラデルフィア生まれ。
ジョージタウン大学を卒業後、アクターズスタジオ・ドラマスクールで演技を学ぶ。テレビシリーズ「エイリアス」などに出演後、映画「ハングオーバー!」シリーズがヒット。インタビュー当時は『アメリカン・スナイパー』('14)を含め、3年連続でアカデミー賞にノミネートされる活躍を見せていた。その後も『アリー／スター誕生』('18)で主演・監督・製作を務めアカデミー賞にノミネートされるなど第一線で活動している。

『アメリカン・スナイパー』(2014)
Blu-ray/DVD 販売元：ワーナー・ブラザース・ホームエンターテイメント
Story：テキサスで育ったクリス・カイルは、タンザニアとケニアの米大使館爆破事件に衝撃を受けて、国を守るため入隊志願し、海軍特殊部隊シールズに配属される。運命の女性タヤと結婚し、幸せな家庭を築こうとした矢先、イラク戦争が勃発。激戦が続くイラクに4度赴いた彼は、狙撃手として名をとどろかすが……。

Photo: AP／アフロ

2014年2月、ベルリン国際映画祭で
取材を受けるブラッドリー・クーパー

It's a movie about, what someone like Chris has to go through, a soldier. And the dilemma and the horror of it.

これは、クリスのような人物、一兵士が経験しなければならないことに関する映画です。そして、そのジレンマと恐怖の映画です。

インタビューを聞く前に

Listening Points

形式 合同記者会見

速さ 非常に速い

語彙・表現 映画関連の固有名詞や難しめの語句も多少はあるが、ほとんどが基本的な単語。

話し方 発音は比較的明瞭なので、音自体は聞き取りやすい。だが話すスピードが非常に速く、情報も多いので、一度で聞き取るのは難しい。聞く前に映画の内容など一通り情報を頭に入れておくのがお薦め。

Key Words

『アメリカン・スナイパー』／*American Sniper*: イラク戦争に従軍した実在の狙撃手クリス・カイルを描いたアメリカ映画。2014年製作。戦場での体験を経て精神的疲労から帰国したカイルの体験を基にストーリーが作られた。sniperは「狙撃手、狙撃兵」の意。

クリント・イーストウッド／Clint Eastwood: 本作を監督したアメリカの俳優・映画監督。1930年生まれ。『許されざる者』（1992）と『ミリオンダラー・ベイビー』（2004）で、アカデミー監督賞を2度受賞している。『アメリカン・スナイパー』の製作者でもあるクーパーは、『許されざる者』の主人公と本作の主人公に多くの類似点があることも、イーストウッドに監督を依頼した理由の一つと語っている。

聞きどころ

非常にメッセージ性の高い映画について、製作者でもある主演俳優が質問に答えながら密度の濃いトークを展開しています。まず**クリント・イーストウッドを起用した理由や映画の重要なメッセージ**について、自分の映画観も交えながら真摯に答えます。次に、**映画の西部劇的構図**について、映画的手法の話から『許されざる者』の主人公との類似点にまで話が及びます。続けて、狙撃兵になりきるための**役作りについて技術と精神の両面**から語ります。最後に彼は、この映画が特定の戦争にフォーカスした政治的なものではなく、一兵士の内面の葛藤と家族との葛藤を描いた**普遍的な人物探究の映画**であると強調します。どこをとっても聞きごたえのある内容です。

クリント・イーストウッドに監督を頼んだのは人間としての苦悩を誰にもまねできないやり方で描けるから

Interviewer: As a producer of ⓪①*American Sniper,* why did you want to have ⓪②Clint Eastwood as the director? And what is the most important message that you wanted to tell with this film?

インタビュアー：『アメリカン・スナイパー』の製作者としてのあなたが、クリント・イーストウッドを監督に迎えたかった理由は何ですか？また、この作品で伝えたかった最も重要なメッセージは何ですか？

Bradley Cooper: Uh, you know, he's made maybe the best American film, ⓪③*Unforgiven.* Uh, he's one of the greatest directors of our time, of this century, you know, so. And also, he, the character ⓪④struggle of a man, uh, I think that he ⓪⑤tackles in *Unforgiven,* with ⓪⑥William Munny, and ⓪⑦*Letters from Iwo Jima,* he's able to do in a way that other directors just aren't.

ブラッドリー・クーパー：まあ、それは、彼は、おそらく最高のアメリカ映画『許されざる者』を撮りましたからね。当代の、今世紀の、最も偉大な監督の一人です。それに彼は、思うに、『許されざる者』のウィリアム・マニーや、『硫黄島からの手紙』で彼が取り組んでいる、登場人物の、人間としての苦悩を、ほかの監督にはとてもできないやり方で形にすることができるのです。

⓪① ***American Sniper*** 『アメリカン・スナイパー』 ★2014年製作のアメリカ映画。p. 64、Key Words参照。

⓪② **Clint Eastwood** クリント・イーストウッド ★アメリカの俳優・映画監督。p. 64、Key Words参照。

⓪③ ***Unforgiven*** 『許されざる者』 ★（1992）。イーストウッドが監督・主演を務めた西部劇。

⓪④ **struggle** 奮闘、苦闘

⓪⑤ **tackle** （～に）挑む、（～に）り組む

⓪⑥ **William Munny** ウィリアム・マニー ★『許されざる者』の主人公。無法者として多くの命を奪った過去を持つ農夫。家族を養うため、懸賞金目当てに再び銃を取る。

⓪⑦ ***Letters from Iwo Jima*** 『硫黄島からの手紙』 ★（2006）。第2次世界大戦中の硫黄島での日米の戦いを、日本側の視点で描いたイーストウッド監督作品。アメリカ側の視点で描いた『父親たちの星条旗』（'06）と対を成す。

Uh, so he was the perfect director for this movie, which is a ❶character study, and ❷framed as a ❸Western — so he's perfect. And ❹Chris Kyle actually said that if there was any way that he was, uh, if he had a choice of who would direct the movie, it would be Clint Eastwood. And then he ❺had his wish.

ですから、彼はこの作品にぴったりの監督でした。人物について探究した、しかも西部劇的に組み立てられた作品ですから、彼こそぴったりです。それに、クリス・カイルも実際言っていました、もし何らかの方法があって、この映画の監督を彼自身が選べるのであれば、クリント・イーストウッドにしたいと。そして彼の願いがかなったわけです。

You know, I grew up, movies for me, uh, have always been ❻healing. When I was a kid growing up, ❼*The Elephant Man* was a movie that ❽affected me in such a ❾massive way that it made me ❿wanna be an actor. Uh, it always made me feel like I wasn't so alone. That's why I do what I do. I love ⓫storytelling so much. Um, ⓬we fell into a situation here where we have an opportunity to tell this man's story, uh, who was d—a very ⓭charismatic, ⓮dynamic human being.

子どもの頃から、私にとって、映画はいつも癒やしてくれるものでした。成長期の子どもの頃、私に強烈な影響を与えた映画が『エレファント・マン』で、それで私は俳優になりたいと思ったのです。あの作品はいつも私に、自分はさほど孤独なわけではないのだ、と感じさせてくれました。そういうわけで、私は今の仕事をしています。物語を伝えることをとても愛しているのです。そして今、私たちは、この男性の物語、強いカリスマ性を持ち、力にあふれた、(クリス・カイルという)この人間の物語を伝える機会を与えられました。

So it's ⓯gonna be a story that is ⓰cinematically ⓱fruitful — ⓲there's a lot of thing that make it, uh, you know, something that you wanna

つまり、映画的にも充実した物語になるはずで——そのための要素はたくさんあります、見たいと思わせるようなものは。でも、映画から得られるものは、彼の話を人ごとではないと感

❶ **character study**　人物探究、性格描写
❷ **frame A as B**　AをBとして形作る、AをBとして表現する
❸ **Western**　西部劇
❹ **Chris Kyle**　クリス・カイル ★(1974-2013)。イラク戦争に4回派遣され、伝説と呼ばれるほどの功績を上げた米海軍特殊部隊狙撃手。本作でクーパーは、カイルの役を演じている。
❺ **have one's wish**　望みがかなう
❻ **healing**　癒やし、慰め
❼ ***The Elephant Man***　『エレファント・マン』 ★(1980)。変形した皮膚や骨格のため「象人間」として見世物にされる青年の、人間性と苦悩を描いた映画。監督はデヴィッド・リンチ。
❽ **affect**　(～に)影響を及ぼす
❾ **massive**　多大な
❿ **wanna**　★＝want to
⓫ **storytelling**　物語を伝える

watch. But the ⑲takeaway will be, for those who can ⑳relate to him, that maybe, that it'll be healing to relate to him — a ㉑vet who's ㉒gone through similar things that Chris has gone through can maybe not feel so alone.

じられる人たちにとっては、彼に共感することが癒やしになるかもしれないということです――クリスと同じような体験をくぐり抜けてきた退役兵は、自分はさほど孤独ではないと感じることが、できるかもしれません。

全幅の信頼を置いて『アメリカン・スナイパー』の監督を依頼したクリント・イーストウッド（右）と撮影セットで話し合うクーパー　Photo: PictureLux/アフロ

こと

⑫ **we fell into a situation here** ★複数の関係者が、このインタビューを一緒に受けている。fall into ~は「~（状況など）に置かれる」の意。

⑬ **charismatic** カリスマ性のある

⑭ **dynamic** 力強い、精力的な

⑮ **gonna** ★= going to

⑯ **cinematically** 映画的に

⑰ **fruitful** 充実した、有意義な

⑱ **there's a lot of thing** ★正しくはthere are a lot of things。

⑲ **takeaway** 持ち帰られるもの、体験から得るもの

⑳ **relate to ~** ~を自分のことのように感じる、~に共感する

㉑ **vet** 退役軍人 ★= veteran

㉒ **go through ~** ~（つらいこと）を経験する

People who don't know anything about what vets go through, what [01]Taya has gone through, uh, maybe can have some sort of [02]empathy or [03]sympathy when they see a vet pass them in the, in the, uh, airport — maybe [04]think twice. And Chris used to always talk about how, you know, you can [05]be of service at [06]home. I mean, he was [07]willing and able, but he quit [08]the SEALs — [09]was honorably discharged — to take care of his family. And the [10]dilemma was, well, c—how could he still be of service?

兵士たちがどんな体験をし、(クリスの妻の)タヤがどんな思いをしたか、まったく知らない人たちも、もしかしたら空港ですれ違う退役兵を見たときに、何かしらの共感や思いやりを持てるかもしれません——深く考えてみるかもしれません。クリスはいつも、自国でどう役に立てるのかについて、語っていました。つまり、彼には意欲も能力もありましたが、家族を大事にするため、シールズを辞めました——名誉除隊となりました。そこでのジレンマは、自分が(戦場を離れても)まだどうやって役に立てるのか、ということでした。

And he would always say, you know, [11]mow a vet's [12]lawn, you know, to help [13]'em, even with their [14]groceries. Do anything. Any little thing would have a massive impact. So if this can all help spread the story that Chris was trying to spread, then we've done our job.

そして彼がいつも言っていたのが、退役軍人の家の庭の芝刈りをしよう、食料雑貨の買い出しの手助けでもいいから、しようということでした。何でもいいのです。どんな小さなことでも、多大な影響力をいずれ持つのです。ですから、もしこの作品が、クリスの広めようとしていたことを伝えるのに役立つなら、私たちもすべきことをした、ということになります。

[01] **Taya** タヤ ★カイルの妻。
[02] **empathy** 共感、感情移入
[03] **sympathy** 共感、同情
[04] **think twice** よく考える
[05] **be of service** 助けになる
[06] **home** 生まれ故郷、自国
[07] **willing** (～するのを)いとわない
[08] **the SEALs** 海軍特殊部隊、シールズ ★= the United States Navy's Sea, Air and Land Forces。「海軍特殊部隊員」はa (Navy) SEALと言う。
[09] **be honorably discharged** 名誉除隊となる
[10] **dilemma** ジレンマ、板挟みの状態 ★発音は[dilémə]。
[11] **mow** (草などを)刈る
[12] **lawn** 芝生
[13] **'em** ★= them
[14] **groceries** 食料雑貨、食料品 ★この意味では通例、複数形。
[15] **construct** 構図、構成
[16] **structure** 構成、組み立て
[17] **sharpshooter** 狙撃の名

西部劇的な組み立てにしたのは 物語の構図が西部劇的だから

Interviewer: As you mentioned, the movie is framed as a Western. Could you tell us a little bit more about that?

インタビュアー：先ほどおっしゃったように、この作品は西部劇的に組み立てられています。それについて、もう少しお話しいただけますか？

Cooper: Well, I mean, the ⑮construct is that of a Western, the way we set it up. Uh, the ⑯structure is, uh, there's a ⑰sharpshooter and there's an enemy sharpshooter. And, uh, there's a ⑱showdown at the end, and usually when you're in the ⑲frontier and there's that ⑳tumbleweed, you know, it's a storm, it's a ㉑desert storm that ㉒comes in.

クーパー：ええ、つまり、構図が、組み立て方が西部劇風です。その構図は、一人の腕利きの狙撃手がいて、敵方にも腕利きの狙撃手がいる、というものです。そして、終盤に勝負を分ける対決があり、たいていは（西部劇では）、辺境の荒野で例のタンブルウィードが出てくると、嵐が、砂嵐が起こるのです。

I don't know, I thought that could be a very ㉓compelling way to get an audience interested in this story. ㉔'Cause it's all about "How do you frame a man's story in a way, cinematically, that will be ㉕appetizing?" And then the takeaway is whatever it's gonna be.

ええと、そうすることで、観客にこのストーリーへの興味を持ってもらう、とても力強い方法になり得ると思ったのです。というのも、「ある男性の物語を、映画として興味をそそる形に組み立てるには、どうするか」がすべてですから。結果はどうであれ、後から付いてくるものです。

手
⑱ **showdown**　対決、最終決戦
⑲ **frontier**　辺境、開拓地　★西部劇の舞台となる場所。
⑳ **tumbleweed**　タンブルウィード、回転草　★乾燥地に生え地面を転がりながら種をまき散らす、オカヒジキなどの植物を指す。西部劇では、風の吹きすさぶ荒野の場面によく出てくる。
㉑ **desert storm**　砂嵐
㉒ **come in**　出現する
㉓ **compelling**　抵抗し難い、説得力のある、強く引き付ける力のある
㉔ **'cause**　★＝because
㉕ **appetizing**　興味をそそるような、魅力的な

And I always thought, I mean, you know, uh, Chris is talking to, uh, ⓿①Colton at the end of the movie, and he says, "You know, it's ⓿②a hell of a thing, ⓿③heck of a thing, stopping a beating heart." Talking about what that's like. And, you know, William Munny says, "It's a hell of a thing to kill a man, ⓿④take away everything he's got, and everything he's gonna, everything he's ever gonna have." And I remember when we were doing that scene, Clint and I were talking about that moment in the movie, there were a lot of, yeah, a lot of things.

私はずっと思っていたのですが、つまり、クリスがこの映画の終盤で(息子の)コルトンに話していて、こう言います、「いいか、動いている心臓を止めるのは、とんでもなく重大なことだ」と。それがどういう体験か説明するのです。そして、(『許されざる者』の)ウィリアム・マニーも言いますね、「重大なことなんだ、人を殺して、そいつが持っているものも、これから持つはずだったものも、全部奪うというのは」と。あのシーンを撮影していたときに、クリントとあの映画のその場面について話をして、いろいろと、ええ、話が尽きなかったのを覚えています。

You know, it was almost like, if you look at Clint's, sort of, uh, ⓿⑤canon about the different ⓿⑥stages of the man, it's almost that this character is William Munny ⓿⑦prior to when we meet him in *Unforgiven* — he's already chosen the family. His wife has since died, he's taking care of the kids, and then he's brought back because ⓿⑧Ned has been ⓿⑨murdered. So, I ⑩dunno, we just saw, and we saw a lot of ⑪similarities there.

つまり、これはまるで、一人の男性の人生のさまざまな局面に対する、クリントの(作品の)いわば規範に目をやれば、この人物(映画の中のクリス)はまるで、『許されざる者』でわれわれが出会う前のウィリアム・マニーです。マニーはすでに家族(との人生)を選んでいます。その後、妻を亡くして子どもたちの世話をしていますが、(相棒の)ネッドが殺されたせいで、(冷徹なガンマンだった自分に)引き戻されます。ですから、そうですね、とにかく、私たちはその辺りにたくさんの類似点を見つけていました。

⓿① **Colton** コルトン ★カイルの息子。この後のセリフは、カイルが除隊後、息子に狩りを教えながら、動物の命を奪うことについて言ったもの。
⓿② **a hell of a thing** ひどいこと、とんでもないこと
⓿③ **heck** ★hellの言い換え。
⓿④ **take away ~** ~を奪い取る
⓿⑤ **canon** 規範、(判断)基準
⓿⑥ **stage** 段階、局面
⓿⑦ **prior to ~** ~以前に
⓿⑧ **Ned** ネッド ★『許されざる者』の登場人物で、マニーの昔の相棒。モーガン・フリーマンが演じる。
⓿⑨ **murder** 殺害する
⑩ **dunno** ★= don't know
⑪ **similarity** 類似性、類似点
⑫ **smoothly** スムーズに、順調に
⑬ **comfortable with ~** ~を容易に扱える、~に慣れた
⑭ **sniper rifle** 狙撃銃
⑮ **dexterous** 器用な、巧妙な

狙撃兵の役作りに専念した結果、銃のスコープで人を捉えただけで体に異常が起こるように

Interviewer: Can you talk about the SEAL training you had to do? Did it all go ⓬smoothly?

インタビュアー： しなければならなかったシールズの訓練について話していただけますか？すべて順調でしたか？

Cooper: You know, here's the thing about acting. It's like you just, you know, I mean, I'd three months and I had to choose what to become ⓭comfortable with. And the thing that we talked about choosing was the three weapons — the three ⓮sniper rifles — and being f— ⓯dexterous with those three. So, 'cause that's what you're watching — him on the gun.

クーパー： ええと、演技というものについて、一つ、説明しましょう。今おっしゃいましたが、つまり、(準備期間として)私にあったのは3カ月で、なじんでおくものを選ぶ必要がありました。そこで、私たちが相談して選んだのは、3つの武器——3挺(ちょう)の狙撃銃——で、その3つを自在に操れるようになることでした。それが、観客の目に入るものですから——銃を構えた彼の姿が。

So I really ⓰focused about getting into the ⓱mindset of what it would be to be a sniper — not so much about the training of becoming a Navy SEAL, which I would've loved to have done if I'd survived it. But we had two and a half months and I sort of ⓲supplemented that with

ですから、私は、狙撃兵が経験しそうな精神状態になり切ることに専念しました——ネイビー・シールズの一員になる訓練ではなく。これも、やり遂げられるならぜひやってみたいものではありましたが。でも2カ月半あったので、ある程度はウエートトレーニングで補いました。それでも、私個人から見ても、シールズが受ける訓練に比べると足元にも及ばないもの

⓰ **focus** 集中する、重点的に取り組む
⓱ **mindset** 考え方、精神状態
⓲ **supplement** 補完する、埋め合わせる

the weight training, uh, which for me personally was a thing that it, it ❶pales in comparison what they go through. They're not even . . . but least I could understand what that kind of focus and ❷sacrifice. But it really was about ❸Rick Wallace and Kevin Lacz and these guys, sort of, training me with ❹live ammo, with those three weapons.

でした。彼らはまったく……でも、少なくともそうした集中力や犠牲がどういうものであるか理解することはできました。ただ、中心となったのは、リック・ウォレスやケヴィン・ラーチといった隊員たちから受けた、実弾を使った、その3つの銃器の訓練でした。

So, I'd ❺only felt the gun with live ammo, and I saw the two actors, uh, in the ❻scope, and my whole body, like, ❼my stomach turned and I and I just moved the gun away and then I said, "We can't ❽shoot the scene with them there." I just couldn't do it. I don't know. 'Cause I, even though there was nothing, the gun wasn't ❾loaded, but it was just, uh, so I just had a, you know, a ❿glimpse, a ⓫glimmer of what a soldier has to go through.

私は、実弾を込めた銃にずっと触れていたので（撮影の際に）2人の俳優をスコープに捉えると、全身が、その、吐き気を催してしまい、銃を押しやって「彼らがあそこにいては撮影ができない」と言いました。できなかったのです、どうしても。よくわからないのですが。というのも、（撮影時に実弾は）何もなかったとはいえ、銃は装填（そうてん）されていなかったとはいえ、それでも（辛すぎて）……兵士が経験しなければならないことのごく一端を、かすかに垣間見たのです。

❶ **pale in comparison (with) ~** 〜と比べて見劣りがする ★paleは「色あせる、力がなくなる」の意。
❷ **sacrifice** 犠牲 ★なお、この後ろには、本来ならentailed（必然的に伴った、意味した）などの語が続く。
❸ **Rick Wallace and Kelvin Lacz** ★いずれも元海軍特殊部隊員で、本作でクーパーの訓練を担当。ラーチは本人役で出演している。なお、クーパーはLaczを[léis]と発音している。
❹ **live ammo** 実弾 ★liveは「有効な、未使用の」の意で、発音は[láiv]。ammo＝ammunition（銃弾、弾薬）。
❺ **only** ★ここでは「もっぱら、ずっと」の意と解釈した。
❻ **scope** （銃の）照準器
❼ **one's stomach turns** 胃がむかむかする、吐き気がする
❽ **shoot** ★「（銃で）撃つ」という意味と「（カメラで）撮影する」という意味があり、ここでは

これはイラク戦争についての映画ではない。一兵士が経験するジレンマ、恐怖、葛藤の映画なのだ

Interviewer: ⑫As with all successful movies, ⑬this movie is going to be seen all over the world. Do you think it can help explain, to the rest of the world, the American mindset ⑭in relation to ⑮what's still going on in Iraq?

インタビュアー：ヒット映画はどれもそうですが、この作品も、世界中で公開されます。本作が、イラクで今も続いていることに関するアメリカ人の考えを、世界のほかの国々に説明する助けになるとお考えですか？

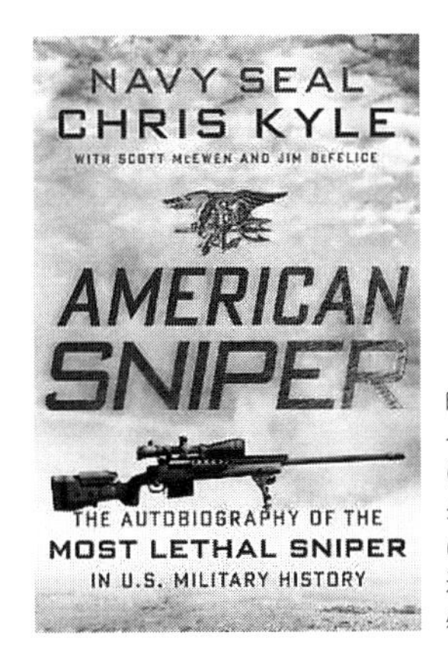

映画の原作となったクリス・カイルの自伝*American Sniper*（2012、William Morrow）。クーパーは彼の体験から、戦場に身を投じるあらゆる兵士に共通するジレンマ、恐怖、葛藤を感じ取り、映画のテーマとした

後者。

⑨**loaded**　弾薬を込めた、装填された

⑩**glimpse**　垣間見ること

⑪**glimmer**　かすかな光、ぼんやり見えること

⑫**as with all ~**　どんな～でもそうであるように

⑬**this movie is going to be seen . . .**　★このインタビューは、映画が全米で公開される前に収録された。

⑭**in relation to ~**　～に関して

⑮**what's still going on in Iraq**　★イラク戦争（p. 74 ⑫参照）後、インタビュー当時は市民の生活はいまだ不安定で、また同戦争に端を発した「イスラム国」の台頭で政情は混乱を極めていた。

Cooper: I don't see it at all as something you've to ❶educate yourself about ❷the Iraq War, at all. It's not a movie about the Iraq War. It's a movie about, what someone like Chris has to go through, a soldier. And the dilemma and the horror of it. And, um, the battle ❸internally, and with the family. That's all this movie is about. That's all we ever talked about making it about.

クーパー：私は、本作をイラク戦争について学ぶためのものだとはまったく考えていません。イラク戦争についての映画ではないのです。これは、クリスのような人物、一兵士が経験しなければならないことに関する映画です。そして、そのジレンマと恐怖の映画です。それから、内面の葛藤と、家族との葛藤。それが、この映画が取り上げているすべてです。それが、この映画を作る際、テーマとして私たちが話し合ったことのすべてなのです。

Uh, it's not a political movie at all. It's a movie about a man, a character study. Um, and we had the ❹privilege of telling this man's story. But again, as what I'd said early, the hope is that you can ❺somehow ❻have your eyes opened to the struggle of a soldier, ❼as opposed to the ❽specificity of the war.

政治的な映画ではまったくありません。ある男性についての映画、人物探究の映画です。そしてわれわれは、この（クリス・カイルという）男性の物語を伝える恩恵にあずかったということです。ただ、さっき言ったことを繰り返しますが、願っているのは、観客の皆さんに、この戦争の特殊性ではなく、一兵士の苦闘に対して、何らかの形でしっかり目を向けていただければ、ということです。

Interviewer: Do you think this movie is one that America needs right now, for all the millions of vets that Chris was talking about?

インタビュアー：この作品はアメリカが今必要としている映画だと思われますか、クリスが話していた大勢の退役軍人のために？

❶ **educate yourself about ~** ～について学ぶ

❷ **the Iraq War** イラク戦争 ★（2003-'11）。イラクのサダム・フセイン政権が、2001年の同時多発テロを実行した組織アル＝カイダをかくまい、大量破壊兵器を隠匿している、との情報を基に、アメリカを中心とした多国籍軍がイラクに侵攻して始まった。

❸ **internally** 内部で、内面的に

❹ **privilege** 特権、恩恵、栄誉

❺ **somehow** 何とかして、ともかくも

❻ **have your eyes opened to ~** 目を開けて～をしっかり見詰める

❼ **as opposed to ~** ～とは対照的に、～ではなく

❽ **specificity** 特異性、特殊性

❾ **have the audacity to do** 厚かましくも～する ★audacityは「厚かましさ、ずう

Cooper: I think that, uh, as all of us telling the story would never ⓰have the audacity to say, "We know what America needs, and it's this movie." All I know is I have a need to understand all the time. And when I understand things, it becomes harder for me to ❿label them and be more general.

And all we try to do is ⓫portray a human, not an idea, but really try to be as, an honest portrayal of this man, and in doing so with the hope that someone will take, ⓬hopefully, things from it that maybe they hadn't taken before. And that's all we try to do. We found this to be a very compelling story, of this man, and that, ⓭that's it. It's really simple; it's not ⓮didactic. It's very simple in its purpose.

Coordinated by Jordan Riefe
Narrated by Peter von Gomm

クーパー：物語を伝えた私たちの誰も、「自分たちはアメリカが何を必要としているかを知っている、この映画がそれだ」などと口にする、ずうずうしさはありません。私にわかっているのは、理解しなくてはという必要を、いつも感じている、ということだけです。そして、物事を理解すると、レッテルを貼って一般的に捉えることは、どんどん難しくなっていく、ということです。

私たちの目的は、人間を描くことだけです。思想ではなく、この人物をありのままに描こうと、懸命に努めています。そうすることで、うまくすれば誰かが、もしかしたらそれまでにつかんだことのなかった何かを、そこからつかみ取ってくれるのではと願って。私たちのねらいは、それだけです。私たちはこの作品を、この人物に関する、心を捉えて離さない物語だと感じました。それがすべてです。本当にシンプルなのです。説教じみてはいません。そもそもの目的は、とてもシンプルなのです。

（訳：挙市玲子）

ずうしい行為」の意で、発音は[ɔːdǽsəti]。

❿**label**　（～に）レッテルを貼る、分類する

⓫**portray**　描写する、演じる ★2行下のportrayalは名詞で「描写、演技」の意。

⓬**hopefully**　願わくは、うまくすれば

⓭**that's it**　それだけだ

⓮**didactic**　教訓的な、説教じみた

科学者が見る世界

チンパンジーの保護が環境・人道教育につながった

ジェーン・グドール

Jane Goodall

動物行動学者、DBE(大英帝国勲章受章者)、
ジェーン・グドール・インスティテュート創設者、国連平和大使

インタビューの背景

1960年、26歳だったジェーン・グドールは、イギリスからタンザニア・ゴンベの密林に分け入り、世界初の類人猿の長期行動研究を開始した。経験も学位も持たない若い女性に成果を期待しない声がほとんどだったが、そうした予想に反して、彼女は「チンパンジーは道具を使う」など数多くの驚異的発見を成し遂げた。

研究を続けるうちに、チンパンジーなど野生動物が生息する自然環境が、加速する農地開拓によって破壊されることに気づいたグドールは、環境保護や若い世代への環境・人道教育へと大きく舵を切る。

このインタビューは、世界各地に赴いて講演や活動を行うグドールが日本に立ち寄った際に収録された。独創的で前向きな活動内容が詳しく語られる。

Interview Data

収録日:2008年11月29日/収録地:東京

Profile

1934年、イギリス、ロンドン生まれ。
'60年、タンザニアのゴンベで野生のチンパンジーの調査研究を始める。チンパンジーが道具を使用すること、肉を食べることなど、知られていなかった生態を次々に明らかにし、チンパンジー研究の第一人者として世界的に有名になる。'77年、ジェーン・グドール・インスティテュートを設立。研究のかたわら世界各地で講演を行い、野生動物の保護や自然環境の保全を訴えている。2002年、国連平和大使に任命される。また、エリザベス女王よりDBE(大英帝国勲章2等勲爵士)に叙せられる。

Photo: AP/アフロ

... how come that we're the most intellectual being that's ever walked the planet, and yet we're destroying our only home?

私たち人間は、これまで地球上に存在した中で最も賢い生物なのに、唯一のすみかを壊しているなんて、いったいなぜなのでしょう?

ジェーン・グドール・インスティテュートはチンパンジーに触れることを推奨しておりません。
この写真のチンパンジーは、保護区域内の親をなくした幼い子どもです。

インタビューを聞く前に

Listening Points

形式 1対1のインタビュー

速さ やや遅い

語彙・表現 いくつか固有名詞がある以外は、難しい語彙や表現はほとんど使われていない。

話し方 筋道が通っていて、わかりやすい。言葉を選びながら話していて、言い直しも少ないため、スピーキングのお手本にもなる。

Key Words

ゴンベ / Gombe:タンザニア北西部、タンガニーカ湖畔の地域。グドール博士は1960年にこの地でチンパンジーの調査を始めた。現在も、ゴンベ・ストリーム研究センターによる調査研究活動が継続されている。

回廊 / corridor: このインタビューでは、ゴンベと近隣の森林の間の裸地に植林して作る、大きな「緑の回廊」のことを指している。

ジェーン・グドール・インスティテュート / Jane Goodall Institute:チンパンジーをはじめとする野生動物の調査や保護、環境教育、人道教育を目的とする組織。1977年にアメリカで発足。現在では世界30カ国以上に拠点を構えている。

聞きどころ

平明な言葉遣い、ゆったりした速さで理路整然と語られるので、話の流れを丁寧に追いながら、しっかりと内容を把握してください。冒頭からグドール博士の代名詞とも言える**チンパンジーの保護活動**について語られ、そこから発展した**タカリやルーツ&シューツ**など環境保護、教育活動のプログラムについて話が進むのでその内容やエピソードについてしっかり聞き取りましょう。その後、博士の**典型的なフィールドワークの一日**、博士が考える**科学のあるべき姿**、と続き**現代人にとっての"より良い選択"**への提言で話は結ばれます。博士の重要なメッセージをしっかり汲み取りましょう。

絶滅の危機に瀕したチンパンジーを“ゴンベの回廊”で救えるか?!

Interviewer: What is the state of, the, um, population of chimpanzees in Africa?

インタビュアー：アフリカのチンパンジーの数は、どのような状況にあるのでしょうか？

Jane Goodall: ⓪¹Grim. Max, 300,000, uh, spread over 21 countries — many of them in small ⓪²isolated ⓪³patches of forest, just like the Gombe ⓪⁴chimps, with little chance of long-term survival, unless we can create ⓪⁵corridors, which is what we're doing at Gombe. Don't know if it'll work; we have to try.

グドール：厳しい状況です。最大で30万頭が21カ国に広がっていますが――そのほとんどは、孤立した、小さな森に生息しています。ちょうどゴンベのチンパンジーのようにです。私たちが（バラバラに離れた生息地の間に）回廊を造ることに成功しない限り、長期生存の可能性はほとんどありません。私たちは今、ゴンベでその回廊を作っています。うまくいくかどうかわかりませんが、とにかくやってみるしかありません。

Interviewer: Their biggest, uh, enemy is ⓪⁶poachers?

インタビュアー：チンパンジーの最大の敵は密猟者ですか？

Goodall: Uh, well it's, ⓪⁷destruction of the ⓪⁸habitat is one major one. Uh, disease is, uh, is pretty bad, which, and then, the worst of all, is the ⓪⁹bush meat trade.

グドール：ええと、生息地の破壊が、一つ、大きな問題となっています。それに病気も深刻な状況です。中でも最悪なのは、食用肉（として）の取引です。

- **01 grim** 深刻な、険しい
- **02 isolated** 孤立した、ばらばらの
- **03 patch** 小さな土地
- **04 chimp** チンパンジー ★ = chimpanzee
- **05 corridor** 回廊、廊下 ★ p. 78、Key Words参照。植林の推進によって、現在、ゴンベの周辺には山肌がむきだしになっているところはないという。
- **06 poacher** 密猟者
- **07 destruction** 破壊、荒廃
- **08 habitat** 生息地、生息環境
- **09 bush meat** （食用としての）野生動物の肉

地域住民の生活水準の向上を図るプログラム
“タカリ”がもたらす大きな希望

Interviewer: But you've managed to maintain your ⓿❶optimism, which I think you have to in order to do this kind of work, but, um, what are the ⓿❷grounds of your optimism?

インタビュアー：しかしあなたは、楽観論を持ち続けていらっしゃいます。こういったお仕事をされるためには、そうでないといけないのでしょうね。あなたの楽観論の根拠とは、何ですか？

Goodall: Well, the grounds of my optimism, um, uh, around the ⓿❸Gombe national park we have developed this ⓿❹TACARE program. And it's now in 24 villages, and it's very ⓿❺holistic: we're, um, giving them the tools to have better farming methods, to ⓿❻reclaim overused farmlands with no, no ⓿❼artificial, no ⓿❽chemicals, by the way; uh, projects to improve the lives of women; ⓿❾microcredit; uh, education programs for youths; ❿scholarships for girls; ⓫family-planning information; HIV-AIDS education; sort of general ⓬primary health care; all of those things.

グドール：そうですね、私の楽観論の根拠ですが、ゴンベ国立公園の周囲で、私たちは、TACARE（タカリ）というプログラムを展開してきました。この活動は、今や24の村で導入されていますし、非常に総合的なものになっています。例えば、村人たちに、より良い農法を実践するための手段を提供しています。酷使し過ぎた農地を再生させるための手段ですね。それも、人工的ではない、化学薬品を使わずに再生させるためのものです。それから――女性の生活を向上させるためのプロジェクト、マイクロクレジット、若者のための教育プログラム、女児のための奨学金、家族計画についての情報提供、HIV・エイズ教育、また、一般的な一次医療のようなものを行ったり。こういったたぐいのことをいろいろ行っています。

⓿❶ **optimism**　楽観、希望的観測

⓿❷ **grounds**　根拠、基盤、理由　★この意味では通例、複数形。

⓿❸ **Gombe national park**　ゴンベ国立公園　★正式名称はGombe Stream National Park（ゴンベ・ストリーム国立公園）。タンザニア北西部にある国立公園。

⓿❹ **TACARE**　タカリ　★ = the Lake Tanganyika Catchment Refores-tation and Education project（タンガニーカ湖畔における森林再生・教育活動）。ジェーン・グドール・インスティテュート（p. 78、Key Words参照）がアフリカで行ってきた森林再生プロジェクト。現在タンザニアの約100の村々で実践されている。

⓿❺ **holistic**　全体的な、総合的な

⓿❻ **reclaim**　利用できる状態にする、再生する

⓿❼ **artificial, . . .**　★artifical

Interviewer: Wow.

Goodall: And it's, it's worked so very well. And the last piece in this puzzle was that up in the high hills above Gombe there's really good coffee grown, but there are no proper roads. So, what was happening was the really good coffee was ⑬getting lumped in with the not-so-good coffee, and all ⑭went off together. So nobody got that much money.

インタビュアー：素晴らしいですね。

グドール：この活動は大変うまくいっています。そして、このパズルの最後のピースになったのは、ゴンベにそびえる高い山では非常に上質なコーヒーが栽培されているのですが、ちゃんとした道路がないのです。それでどうなっていたかというと、非常に上質なコーヒーが、そんなに質の良くないコーヒーと一緒くたにされて、まとめて売られていたんです。ですから、きちんと稼いでいる人がいませんでした。

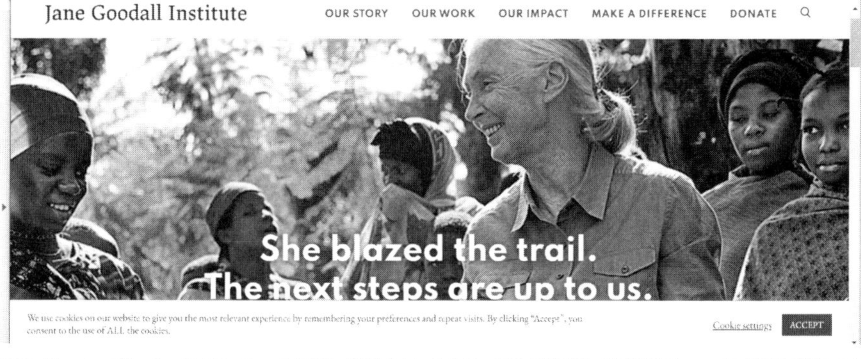

現在、ジェーン・グドール・インスティテュート（JGI）が運営しているサイト。野生保護活動、教育活動についての情報を発信しており、グドール博士からのメッセージもしばしば寄せられている　https://janegoodall.org/

fertilizersなどと言いかけたと思われる。

⑧ **chemical**　化学薬品

⑨ **microcredit**　マイクロクレジット　★金融機関の融資を受けられない小さな企業や貧しい人々を対象に、低金利で少額の資金を融資する制度。

⑩ **scholarship**　奨学金

⑪ **family-planning**　家族計画、産児制限

⑫ **primary health care**　プライマリーケア、一次医療　★最も身近なレベルで行われる保健医療活動のこと。PHCと略されることもある。

⑬ **get lumped in with ~**　～と一緒くたにされる、～とごちゃ混ぜにされる

⑭ **go off**　（物が）送られる、（品物が）売れる

So, I was able to ⓫address a group of international ⓬coffee ⓭specialty roasters in the U.S., and I said, "Hey, guys. We need some help." So they, the ⓮Green Mountain Coffee Roasters, ⓯came out, they discovered, yes, it really was good coffee, they bought, I think the first year, they bought a container. Uh, they've been doing that for three years. Other roasters have come out.

私は、世界のコーヒーを専門に扱っているアメリカの業者の一団に話を持ち掛けることができたので、こう言ったんです。「ねえ皆さん、助けが必要なんです」。そうしたら、グリーンマウンテン・コーヒー・ロースターズが(ゴンベまで)足を運んでくれました。彼らも気づいたんです、なるほど、本当に良いコーヒーだ、って。最初の年、彼らは、コンテナ1台分を購入したと記憶しています。それを3年間続けているんですよ。ほかのロースターも、訪れるようになっています。

Uh, the farmers have had a better price than they could have possibly imagined. The ⓰lower-down farmers are being helped to, to have better ⓱harvesting and ⓲storage so that they can get more money too.

農家の人々は、以前には想像もできなかったような報酬を受け取るようになりました。より貧しい農家の人々も、もっと収入が増えるように、収穫や貯蔵の面での支援を受けています。

And it's meant that, now that the government requires every village to have a ⓳land-management plan to ⓴allocate ⑪percentage of land for different reasons, these villages are mostly agreeing to put between 10 and 20 percent of their land for ⑫regeneration of forest. And they're working with us to create these corridors so that the Gombe chimps

そうしたことから今や、政府はそれぞれの村に対して、ある程度の土地をさまざまな目的のために充てる、土地管理計画を立てるよう求めています。これらの村の人々は、村の土地の10%から20%を森林の再生に充てることに、ほぼ同意しています。村人たちも私たちと一緒に、ゴンベのチンパンジーが外へ出てほかの

01 **address** (~に)申し入れる、(~に)要求を述べる
02 **coffee roaster** コーヒーロースター ★コーヒー豆を仕入れ、焙煎して販売する業者のこと。
03 **specialty** 専門、本職
04 **Green Mountain Coffee Roasters** グリーンマウンテン・コーヒー・ロースターズ ★アメリカ、バーモント州に本拠を置くコーヒー専門業者。
05 **come out** 出掛ける、外へ出る
06 **low-down** 貧しい
07 **harvesting** 収穫
08 **storage** 保管、貯蔵
09 **land management** 土地管理
10 **allocate A for B** AをBに割り当てる、AをBに配分する
11 **percentage of ~** 一定の割合の~
12 **regeneration** 再生、復興
13 **get out** 外へ出る、出て行く
14 **interact with ~** ~と交流する、~と触れ合う

can ⑬get out and ⑭interact with others.

（地域の）チンパンジーと交流できるようにするための回廊造りに取り組んでいるのです。

若者に人間と自然の調和を学ばせる環境教育プログラム “ルーツ＆シューツ”

Interviewer: Tell us about ⑮Roots & Shoots. I sin—think it's an amazing organization. What does it do?

インタビュアー：ルーツ＆シューツについて教えてください。素晴らしい組織だと思います。どのようなことをなさっているのですか？

Goodall: It's the Jane Goodall Institute youth environmental ⑯humanitarian education program. Uh, it began with 16 high school students in Tanzania in '91. It didn't really grow in anywhere else until '94, and now it's in a hundred countries with over 9,000 active groups, with programs from ⑰preschool through university.

グドール：ルーツ＆シューツは、ジェーン・グドール・インスティテュートが行っている、若者のための環境・人道教育プログラムです。'91年に、タンザニアの高校生16人からスタートしました。'94年までほかの場所に広がることは実際なかったのですが、今では世界100カ国で9000を超えるグループが活動をしていて、幼稚園から大学までのプログラムを実施しています。

And it's about sitting and discussing the problems where you are, first. Uh, like in Tokyo, what problems might we address to improve things: one, for people; two, for animals; three, for the environment. ⑱With a whole theme of learning to live in

まずは座って、自分たちの住む所が抱えている問題について、話し合うんです。例えば、東京で現在の状況を改善するためには、どのような問題に取り組んだら良いか、とか。1に人間のため、2に動物のため、3に環境のために。平和に、そして互いに調和して生きることを学ぶ、という一つの大きなテーマを持って（話し

⑮ **Roots & Shoots** ルーツ＆シューツ ★ジェーン・グドール・インスティテュート（p. 78、Key Words参照）による、若者を対象とした環境教育プログラム。rootsは「根」、shootsは「新芽」という意味。現在、その活動は世界60カ国以上に及び、4900以上のプロジェクトに6万人以上の若者が参加している。「自ら考え、行動する」ことをモットーに、それぞれの地域に合わせた活動を行っている。

⑯ **humanitarian** 人道主義の、人道的な

⑰ **preschool** 幼稚園、保育園

⑱ **With a whole theme . . .** ★パラグラフ1～3行目のit's about . . . where you are, first.を補足している。

peace and harmony with each other — between cultures, religion's very important, and between us and the natural world.

合いをします)——(互いにというのは)異なる文化同士が、宗教も非常に重要ですね、そして私たち人間と自然環境が、ということです。

So, it's, uh, it's my biggest reason for hope, actually, because when these young people are understanding the problems and ⓿¹empowered to take action, their imagination, their effort, their ⓿²dedication, their energy and sometimes their ⓿³courage, actually — in countries like Nepal, going into ⓿⁴Maoist-held territory to teach, uh, ⓿⁵untouchable children forced to work in the ⓿⁶coal mines to read and write, because without education they can never escape — ⓿⁷risking their lives, these young people . . .

実はこれが、私が希望を抱いている最も大きな根拠なのです。若い人たちが問題を理解し、行動を起こす力を持ったとき、彼らの想像力、努力、献身、エネルギー、そしてときに勇気には、本当に(素晴らしいものがあります)——例えばネパールでは、ネパール共産党毛沢東主義派の支配している地域に入って行きます。炭鉱で働かされている不可触民の子どもたちに読み書きを教えるためです。教育がなければ、(現状から)抜け出すこともできませんからね——命を危険にさらして、この若者たちは……。

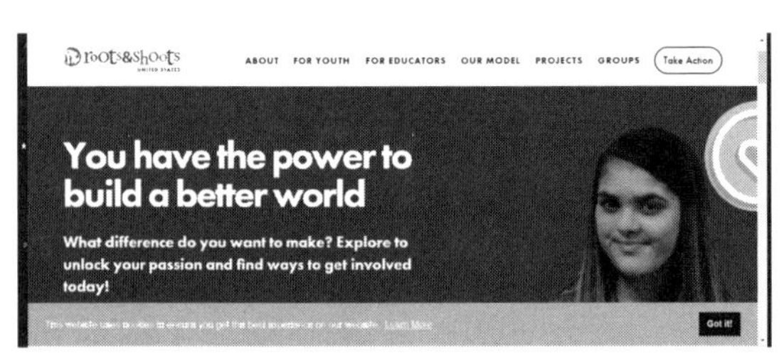

若者向けの環境・人道教育プログラム、ルーツ＆シューツは現在も世界中で展開されており、グドール博士も普及に尽力している。JGIのサイトに設けられたルーツ＆シューツのページ(左)／2021年末にVOGUE Japan主催のオンラインセミナーでスピーチするグドール博士(右)
©JGI-Japan

⓿¹empower A to do Aに～する力を与える、Aが～できるようにする

⓿²dedication 献身、熱心さ

⓿³courage 勇気、度胸

⓿⁴Maoist ネパール共産党毛沢東主義派、マオイスト ★1995年に結成されたネパールの政党。'96年、王政廃止などを訴えて武装蜂起。山岳農村部に拠点を構え、政府軍との間で内戦を繰り広げた。2006年に停戦、暫定政府に加わる。'08年の選挙では第一党になり、連立内閣を成立させた。Maoist-heldで「マオイストが支配する」という意味。現在のネパールでは、さまざまな党や派閥が権力をめぐって争っている。

⓿⁵untouchable 不可触民 ★カースト社会で最下層とされる人々のこと。ネパールでは、独自の形に変化したカースト制度が、今も強い影響力を持っている。

⓿⁶coal mine 炭鉱、炭山

チンパンジーを一日中追いかけて静かに観察していたあの頃

Interviewer: I wanted to go back in time to ⓼pre-1986, when you were still doing field research at Gombe. Tell us what a typical day in the life of a researcher would be.

インタビュアー：1986年より以前、あなたがゴンベでフィールドリサーチをしていた頃の話に戻りたいと思います。研究者の生活における典型的な一日というのはどのようなものだったのか、教えてください。

Goodall: Well, a day in, in my research would be, um, getting up ⓽before light, which means around five thirty, five, something like that; going to where the chimpanzees made their ⓾nests; um, waiting for them to wake up, and then following them all day, until they make their nests at night, which is ⓫dusk; and then going home for ⓬supper. And then usually the next day would be ⓭writing up, 'cause it's a lot of information. ⓮A day-follow like that.

グドール：そうですね、私のリサーチの一日はこんな感じでした。明るくなる前、つまり5時半とか5時、そのあたりに起きる。チンパンジーがねぐらを作っている場所に行く。彼らが目を覚ますのを待つ。それから一日中彼らの後を追う。暗くなって、彼らがねぐらを作るまで、つまり夕暮れ時までですね。それから夕食を取るために帰宅する。通常、その翌日は記録作業に充てます。（リサーチをすると）たくさんの情報を得るので。そんな感じの、チンパンジーを追いかける一日だったんです。

Interviewer: Do you climb trees?

インタビュアー：木に登るのですか？

⓻**risk**　危険にさらす、（命を）懸ける
⓼**pre-**　～以前の
⓽**before light**　夜明け前に、明るくなる前に
⓾**nest**　巣、すみか ★ここでは「ねぐら」といった意味で使われている。
⓫**dusk**　夕方、夕暮れ
⓬**supper**　夕食、晩ご飯
⓭**write up**　（書類などを）まとめる、書き上げる
⓮**a day-follow**　★ここではa day of following chimpanzeesといった意味で使われていると思われる。

Goodall: I've climbed plenty of trees. But you don't need to climb trees to, to follow the chimps. They walk on the ground.

グドール：たくさんの木に登ってきましたよ。でも、チンパンジーを追いかけるのに、木に登る必要はありません。チンパンジーは、地面を歩きますから。

Interviewer: Does it require you to basically stay still then, for ⓿¹prolonged periods of time, for hours and hours like bird-watchers do, for example?

インタビュアー：基本的にはあなたはじっとしていなければならないのですか、長い時間、何時間も何時間も、例えば野鳥を観察している人たちのように？

Goodall: Well, yeah. More, if they're ⓿²feeding or ⓿³resting, um, you don't want to be ⓿⁴tramping around. You just sit and watch them quietly.

グドール：まあ、そうですね。それに、食事をしたり、休息を取っているときには、あなただって周りでバタバタしてほしくはないでしょう。だから、ただ静かに座って見るんです。

01 **prolonged** 長期の、長引く
02 **feed** 物を食べる、食事をする
03 **rest** 休息する、眠る
04 **tramp around** バタバタと歩き回る
05 **degree** 学位
06 **which is . . . about.** ★ which is . . . about things. などと言いたかったと思われる。
07 **curiosity** 知りたいという気持ち、好奇心
08 **aura** 雰囲気、感じ
09 **objective** 客観的な、事実に基づく
10 **separate** 離れた、切り離された

心から切り離された科学は
核兵器など、たくさんの恐怖の原因となってきた

Interviewer: If you're a parent and you want to encourage your kids to get into science and get more excited about science, what's the best way to do it? Your parents obviously did a fantastic job of it.

インタビュアー：もし子どもがいて、その子を科学の世界に引き込みたい、もっと科学に興味を持たせたいとなったら、どうするのが一番ですか？　あなたのご両親は、いうまでもなく、それに成功したわけですが。

Goodall: Well, remember, I had no ⑤degree when I went. I'd only been through high school. Um, I wasn't encouraged to be a scientist by my parents. I think the only way to get young people interested in science is to go back to what science really means, ⑥which is ⑦curiosity and learning about.

グドール：ええと、いいですか、私は（ゴンベに）行ったとき、何の学位も持っていませんでした。高校を出ただけだったのです。私は、科学者になれと親から言われたことはありませんでした。若い人たちに科学への興味を持たせる唯一の方法は、そもそも科学とは何なのかに立ち返ることだと思います。科学というのは、好奇心であり、学ぶことです。

And there's too much of an ⑧aura of, um, cold . . . to b—to be a scientist you've got to be cold, you've got to be ⑨objective, you've got to be ⑩separate from your subject. And this is not really something that a lot of people want. And I think this is

（科学は）冷たいというイメージが、強過ぎるんです……科学者は、冷静でなければならない、客観的でなければならない、対象との間に距離を置かなければならない。これは、誰もが好むようなことではありません。特に女の子が科学に背を向けてきたのは、このためではないかと思います。

why, especially girls, have ⓿¹turned away, you know.

So, if we can get back "science is learning," "science is discovering," "science is, um, trying to explain what hasn't been explained before," to ⓿²bring back the excitement.

But science has ⓿³been divorced from the heart. The brain divorced from the heart, I find, is really scary; that's led to ⓿⁴nuclear weapons; that's led to weapons of ⓿⁵mass destruction; that's led to so many horrors, the brain divorced from the heart, not just in science.

ですから、「科学とは学ぶこと」「科学とは発見すること」「科学とは、それまで説明されたことのないものを説明しようとすること」であるというところに立ち返ることができれば(いいのですが)。そうした興奮を呼び戻すためにね。

しかしこれまで、科学は心から切り離されてきました。心と切り離された頭脳は、とても恐ろしいものだと思います。それは、核兵器を生み出し、大量破壊兵器を生み出し、たくさんの恐怖の原因となってきました。心と切り離された頭脳とは、科学の世界だけのことではありません。

ジェーン・グドールとの対話をつづった書『希望の教室』(ダグラス・エイブラムス著、2022、海と月社)。気候危機、自然破壊、パンデミック、戦争……問題山積の世界の中で「希望」を持つことの意味を語る。世界20カ国以上で刊行

01 **turn away** そっぽを向く、避ける
02 **bring back ~** ~を呼び戻す、~を思い出させる
03 **be divorced from ~** ~から切り離された、~と分離した
04 **nuclear weapon** 核兵器
05 **mass destruction** 大量破壊
06 **We can't not** ★後ろにmake an impact on themが略されている。
07 **consequence** 結果、影響
08 **how come ~?** どうして~なのか?
09 **intellectual** 知力の発達した、知性のある、知的な
10 **being** 生き物

分別を失って
“唯一のすみか”である地球を
壊したりしないために

Goodall: I have to say another thing too. Um, because the most important message that we can give to people today is that every single day we live, we make an impact on the planet. ⓪⑥We can't not, but we can choose what sort of impact we want to make.

グドール：もう一つ、言っておかなければならないことがあります。私たちから現代を生きる皆さんに伝えられる最も重要なメッセージは、「私たちは、生きている一日一日、地球に影響を与えている」ということです。影響を与えないでいることはできません。でも、どのような影響を与えたいのかを選ぶことはできます。

And if people would just spend a little bit of time thinking about the ⓪⑦consequences of the choices they make — what they eat, drink, wear, how they interact with people and animals — then people do start making small changes because they tell me so. And if we get enough small changes, then we get the kind of major change that we must have.

もし人々が、ほんのわずかな時間でも自分がする選択――何を食べるか、飲むか、着るか、他人や動物とどのように関わるか――の影響を考えたなら、小さな変化を起こし始めることが実際にできます。多くの人が、そう言っています。小さな変化をたくさん起こすことができれば、本当に必要な大きな変化を起こすことも可能になります。

Because, ⓪⑧how come that we're the most ⓪⑨intellectual ⑩being that's ever walked the planet, and yet we're destroying our only home? Because

私たち人間は、これまで地球上に存在した中で最も賢い生物なのに、唯一のすみかを壊しているなんて、いったいなぜなのでしょう？ それは、分別を失ってしまったから。もはや、「今日

we've lost ⓿❶wisdom. Because we no longer think ⓿❷in terms of "How does the decision I make today affect my people generations ahead?" Now it's, "How does it affect me now? How does it affect the next ⓿❸shareholders' meeting three months ahead? How does it affect my next political campaign or job opportunity, or . . . ?" whatever.

の私の決断が、何世代も後の子孫にどのような影響を与えるだろう？」という側面を考えなくなってしまったから。今では「今、私にどのような影響がある？　3カ月後の株主総会に、どのような影響がある？　次の選挙運動、次の就職に、どんな影響がある……？」そんなことばかりでしょう。

Those are the ⓿❹criteria we make, and I think it's this ⓿❺disconnect between the head and the heart. And so that's one of the things that I hope Roots & Shoots will do to raise new generations of young people who understand this life is about more than just making money and that, while we need some money to live, there's too many people living for money.

それらが、私たちの基準なのです。これも、頭と心の離反だと思います。ですからルーツ＆シューツに願うことの一つは、人生はお金を稼ぐだけのものではない、生きるためにはお金も必要だけれど、お金のために生きている人が多過ぎる、ということを理解できる新世代の若者を育ててほしいということなんです。

Interviewed by Lucy Craft
Special thanks to the Jane Goodall Institute

（訳：中村有以）

⓿❶**wisdom**　知恵、見識、分別
⓿❷**in terms of ~**　～の観点から、～という側面から
⓿❸**shareholder**　出資者、株主
⓿❹**criterion**　基準、尺度　★criteriaは複数形。
⓿❺**disconnect**　分離、断絶

Follow-Up-Column

――― ジェーン・グドールと日本の絆 ―――

最大の理解者同士だった
ジェーン博士と日本の研究者たち

小池 潔（ジェーン・グドール インスティテュート・ジャパン理事長）

ジェーン・グドール博士と日本は特別に親密な絆で結ばれています。

霊長類の研究において、ジェーン博士と京都大学を中心とする日本の研究者たちはライバルであると同時に、お互いを認め合う最大の理解者同士でもありました。

ジェーン博士は、ゴンベでの長期にわたるフィールドワークによって、それまでヒト固有の能力だと思われていた道具の使用をチンパンジーが行っていることを発見しました。これを皮切りに、心の存在、肉食、抗争、情愛など、およそヒト固有のものと思われてきた多くの能力はチンパンジーの社会にも見られることを次々と発見していきます。

その結果、『ヒト』だけがこの世界で特別な存在だとの考えから脱却せざるを得なくなりました。『ヒト』と『自然』『地球』との関わりに新たな地平が開かれたと言っても過言ではありません。

この価値をいち早く本当に深く理解していたのは、ジェーン博士より2年早い1958年に最初のアフリカ調査をしていたほかならぬ日本の研究者でした。

ゴンベにいたジェーンのもとを最初に訪れた科学者で、かつ彼女の日本における最も古い友人である故伊谷純一郎博士は、まさにそうした研究者の一人でした。ジェーン博士が現在最も親しくGenと呼ぶ、前JGI-Japan理事長・伊谷原一博士の実父に当たります。以来、霊長類学において先駆的な研究を残してきた伝統ある京都大学霊長類研究所の研究者との語らいは、ジェーン博士にとって来日の際の大きな楽しみとなっていました。

2001年に、世界で12番目のJGIとして念願のJGI -Japanが日本で発足し、それ以降ジェーン博士は日本国内でのルーツ＆シューツ活動の普及のため、1～2年に1度の頻度で来日しています。

これまで、京都大学をはじめ、東京大学、慶應義塾大学、桜蔭学園高等学校、札幌市円山動物園など、さまざまな場所で記念講演やレクチャーを行ってきました。「自然と人間との共生」をテーマにした研究で優れた業績を上げた人に贈られるコスモス国際賞を2017年に受賞した際には、国連大学にて天皇皇后両陛下ご臨席のもと、記念講演を行いました。その後、コロナ禍などで来日は見送られ、オンラインでのセミナーが続きましたが、ようやく2023年7月に来日が計画されています。もうすぐ90歳になるジェーン博士の活躍はまだまだ続きます。

慶應義塾大学で記念講演を行った際、ボランティアスタッフの学生と歓談するジェーン博士　©JGI-Japan

科学者が見る世界

医療に革命をもたらす予想外の大発見

山中伸弥

Shinya Yamanaka

医学者、2012年ノーベル生理学・医学賞受賞

レクチャーの背景

2012年10月、ノーベル財団はノーベル生理学・医学賞を山中伸弥京都大学 iPS 細胞研究所長に贈ると発表した。受賞理由は、成熟した細胞を多能性を持つ「人工多能性幹細胞(iPS 細胞)」へと初期化できることを発見したこと。

山中教授は同年12月、スウェーデン・ストックホルムで行われた授賞式に妻とともに出席し、カール16世グスタフ国王からメダルと賞状を手渡された。受賞者はノーベル・レクチャーと呼ばれる記念講演を行うのが通例となっているが、アメリカで研究生活を送った経験のある山中教授は、日本人的発音ながら流暢な英語でジョークを交えた講演を行い、会場を沸かせた。

本書に収録したのはそのレクチャーを抜粋したもの。研究の経緯や関係者への感謝、研究成果がもたらす可能性などが述べられている

Lecture Data

収録日:2012年12月7日/収録地:ストックホルム

Profile

1962年、大阪府生まれ。
'87年、神戸大学医学部卒。整形外科の研修医を経て、大阪市立大学医学研究科博士課程入学、'93年博士号取得。同4月、カリフォルニアのグラッドストーン研究所博士研究員となる。帰国後、大阪市立大学助手、奈良先端科学技術大学院大学助教授を経て、2004年、京都大学再生医科学研究所教授に就任。'10年から京都大学 iPS 細胞研究所所長。'12年、iPS 細胞作製に成功した功績(「成熟細胞が初期化され多能性を持つことの発見」)により、ノーベル生理学・医学賞受賞。'20年、京都大学 iPS 細胞研究財団 理事長就任。

Photo: 代表撮影/ロイター/アフロ

I really hope that in the very near future these technologies will help patients, either in cell therapy or in drug discovery.

ごく近い将来に、こうした技術が細胞治療や新薬開発という形で患者を救うことを、心から願っています。

レクチャーを聞く前に

Listening Points

形式 レクチャー

速さ 非常に遅い

語彙・表現 専門用語が多く使われているため、完全に内容を理解するのは難しいかもしれない。地の文の文型は易しくわかりやすい。ユーモアのセンスにも注目したい。

話し方 発音に癖がなく、内容が整理されているので、聞きやすい。英語を使って仕事をしたいと考える学習者にとって格好の見本である。

Key Words

iPS細胞／iPS cell= induced pluripotent stem cell:「人工多能性幹細胞」とも言う。体細胞に数種の遺伝子を導入することで、非常に多くの細胞に分化できる、分化万能性を持たせた細胞のこと。山中氏が2006年に、マウスの線維芽細胞から世界で初めて作り出した。再生医療などへの応用が期待されている。

ES細胞／ES cell= embryonic stem cell:「胚性幹細胞」とも言う。生殖細胞を含むあらゆる組織に分化可能な細胞。iPS細胞と同じく、再生医療への応用が期待される。

聞きどころ

内容が非常に専門的なので、Key Wordsのほか、注釈の用語、あるいは訳文にあらかじめ目を通してから聞いてもよいでしょう。関西出身の山中教授は**ウケを狙う傾向**にあり、このレクチャーでもしばしば笑いが起こっています。この笑いどころにも注目したいものです。また、山中教授は、教え子や共同研究者などの貢献をたたえるのが常ですが、ここでも前半で恩師や助手を話題に出して**自分の業績が多くの人に支えられていることに言及**しています。レクチャーの流れとしては、臨床医として挫折して基礎研究の世界に転身し、研究を進めてきたことが**物語のように語られ**興味を引き付けられます。最後はiPS細胞の再生医療への応用の可能性など**未来への明るい展望**を示して終わります。

外科医から科学者へ――
思いがけない方向転換の理由は
「手術の才能がなかった」「より多くの患者を助けたかった」

Shinya Yamanaka: I have to say I was extremely lucky in two ways when I was a ⓿¹graduate student and I was a ⓿²postdoctoral fellow. The first luck was that I had ⓿³multiple opportunities to observe totally ⓿⁴unexpected results that brought me to completely new projects. The other luck was that I was able to work under two great ⓿⁵mentors.

山中伸弥：大学院生、そして博士研究員だったとき、私は2つの意味で実に幸運だったと言わなければなりません。一つ目の幸運は、まったく予期せぬ研究結果を目にするさまざまな機会があり、それによって、まったく新しい研究に導かれたことです。もう一つの幸運は、二人の偉大な指導者の下で研究ができたことです。

I started my career as an ⓿⁶orthopedic surgeon. But within a year or two I realized that I was not ⓿⁷talented at all in ⓿⁸surgery. *(laughter)* I also realized that even a talented surgeon, talented doctor cannot help many patients suffering from ⓿⁹intractable diseases and injuries. Because of those two reasons I decided to change my career from a surgeon to a scientist. I entered a graduate school in ⑩Osaka City University and I majored in

私は整形外科医としてキャリアをスタートさせました。しかし、1、2年で、自分には手術の才能がまるっきりないことに気づいたのです（笑い）。また、才能ある外科医、才能ある医師であっても、治療の難しい病気やけがに苦しむ多くの患者を助けられない、と悟りました。その2つの理由で、私は外科医から科学者に転向することに決めたのです。私は大阪市立大学

Shinya Yamanaka

01 **graduate student** 大学院生 ★下から3行目のgraduate schoolは「大学院」の意。

02 **postdoctoral fellow** 博士研究員、ポスドク ★博士課程を修了した研究員。p.97、4行目のpostdocは略式。

03 **multiple** 多数の、多種多様の

04 **unexpected** 思いがけない、予期しない

05 **mentor** よき指導者、師、（大学の）指導教官

06 **orthopedic surgeon** 整形外科医 ★surgeonは「外科医」の意。

07 **talented** 才能のある

08 **surgery** 外科手術

09 **intractable** なかなか治らない、難治性の

10 **Osaka City University** 大阪市立大学 ★大阪市に本部を置く公立大学。1949年設立。

❶pharmacology. The mentor at that time was Dr. ❷Katsuyuki Miura.

大学院に入学し、薬理学を専攻しました。当時の指導教官は三浦克之博士でした。

Dr. Miura asked me to prove his ❸hypothesis. The experiment was very simple. So this experiment was supposed to be a very simple experiment suitable for a beginner, suitable for a ❹failed surgeon. *(laughter)* But, what I observed was something totally unexpected. Although this result was totally against his hypothesis, Dr. Miura got also very excited. So for the next, for the following two years I examined the ❺mechanisms of this unexpected result and that became my ❻thesis after two years.

三浦博士は、ご自身の仮説を証明するよう、私に指示なさいました。実験は、実に単純なものでした。初心者に適した、落第外科医にふさわしい、ごく簡単な実験のはずでした(笑い)。ところが、私の観察結果はまったく思いがけないものだったのです。その結果は、三浦博士の仮説に完全に反するものでしたが、博士は同時に、とても興奮されました。それで、次の、その後の2年間、私はこの予期せぬ結果のメカニズムを調べ、それが2年後の学位論文となったのです。

『山中伸弥先生に、
人生とiPS細胞について
聞いてみた』
山中伸弥著(2012、講談社:写真は電子書籍版)
iPS細胞ができるまでの紆余曲折や再生医療の未来について、一般向けに易しい語り口で書かれたロングセラー

❶ **pharmacology** 薬理学 ★薬物の性質や作用について研究する学問。

❷ **Katsuyuki Miura** 三浦克之 ★日本の医師、生物学者。当時、大阪市立大学医学部教授。

❸ **hypothesis** 仮説 ★p.97、11行目のhypothesizeは動詞で「(〜と)仮定する、(〜という)仮説を立てる」の意。

❹ **failed** 失敗した、不成功の

❺ **mechanism** 仕組み、メカニズム、機序

❻ **thesis** 学位論文 ★正しい発音は、[θíːsis]。

❼ **Gladstone . . . Diseases** グラッドストーン研究所 ★サンフランシスコにある、非営利の生物医学研究機関。心臓血管疾患、神経疾患などの治療・予防を研究している。

❽ **Thomas Innerarity** トーマス・イネラリティ ★アメリカの医学者。グラッドストーン研究所(❼参照)教授。

❾ **gene** 遺伝子

2つのタイプの偉大な師——
励ましてくれた二人の恩師と
予期せぬ実験結果をもたらした自然

So then I decided to continue my training as a scientist in the United States. I became a postdoc at ⑦Gladstone Institute of Cardiovascular Diseases in San Francisco. My mentor at that time was Dr. ⑧Thomas Innerarity. He was very interested in one ⑨gene, APOBEC1, which he thought important in ⑩cholesterol ⑪regulation. He hypothesized that ⑫forced ⑬expression of APOBEC1 in ⑭liver would lower ⑮plasma cholesterol level. So he asked me to prove his hypothesis by making ⑯transgenic mice ⑰overexpressing APOBEC1 in liver.

その後、私は、アメリカで科学者としてさらに研鑽を積むことに決め、サンフランシスコのグラッドストーン研究所で博士研究員になりました。このときの指導教官は、トーマス・イネラリティ博士でした。博士は、APOBEC1という遺伝子に強い関心を持っていらっしゃいました。コレステロールの調節に、この遺伝子が重要な役割を果たしていると考えていたのです。博士は、肝臓でAPOBEC1を強制発現させれば血漿コレステロール濃度が低下する、という仮説を立てました。それで、肝臓でAPOBEC1を過剰発現する、遺伝子操作マウスを作って、博士の仮説を証明するよう、私に指示されたのです。

One day in early morning, a ⑱technician working with me ⑲rushed into me, she was taking care of these mice. And she said something strange to me. She said "Shinya, your mice, many of your

ある朝早くに、私と一緒に働いている助手が私のところにすっ飛んできました。遺伝子操作マウスを世話している助手です。彼女は妙なことを私に言いました。「伸弥、あなたのマウス、マウスがたくさん妊娠しているんだけれど、それがオスなのよ」と(笑い)。わけがわかりませ

⑩ **cholesterol**　コレステロール
⑪ **regulation**　調節、制御
⑫ **forced**　強制的な、強制された
⑬ **expression**　発現
⑭ **liver**　肝臓
⑮ **plasma cholesterol level**　血漿コレステロール濃度
⑯ **transgenic mouse**　トランスジェニックマウス、遺伝子操作マウス　★外部から特定の遺伝子を導入したマウス。導入した遺伝子から生じるタンパク質などの性質を観察することで、遺伝子の機能を解析する。
⑰ **overexpress**　（特定の遺伝子を）過剰に発現させる
⑱ **technician**　（研究室や実験室の）助手、技術者
⑲ **rush into ~**　～に駆け込む、～に急いで行く　★ここはrushed in to see meなどとした方が自然。

mice are ⓪①pregnant but they are male." *(laughter)* So I got confused. So I further ⓪②looked into what was going on and I found this totally unexpected result. It was not babies. It was this huge liver ⓪③cancers. So it turned out that this gene APOBEC1 is a very ⓪④potent ⓪⑤oncogene.

んでした。そこで、何が起こっているのか、さらに詳しく調べて、まったく思いがけない結果に行き着きました。それは赤ん坊ではなく、巨大な肝臓がんでした。APOBEC1という遺伝子は非常に強力ながん遺伝子であることが、わかったのです。

So very naturally, Dr. Innerarity got disappointed *(laughter)*, but I got very, very excited. And in a sense, Tom Innerarity got also excited too. He encouraged me to continue working on this gene APOBEC1.

ですから当然、イネラリティ博士は落胆なさいましたが(笑い)、私は非常に興奮しましたし、ある意味では、博士も興奮していました。彼は私に、このAPOBEC1遺伝子の研究を続けるよう勧めてくれました。

So again, in a sense, I had two types of great teachers, great mentors in my early days as a scientist. The one great teacher is a real teacher, Dr. Miura and Dr. Innerarity, who encouraged me despite the results which were against their own ⓪⑥hypothesis. The other great teacher of mine was, is nature itself, who gave me totally unexpected results and who, which, or who brought me to completely new projects.

ですからやはり、ある意味で、科学者として駆け出しの時代に、私は、2つのタイプの偉大な師を得たわけです。一方の偉大な師は、三浦博士やイネラリティ博士という実際の師で、ご自身の仮説に反する結果にもかかわらず、私を励ましてくださった方々です。もう一方の偉大な師は、私にまったく予期せぬ実験結果をもたらしてくれた自然であり、私をすっかり新しい研究にいざなってくれた事象そのものです。

01 pregnant 妊娠している
02 look into ~ ～を研究する、～を調査する
03 cancer がん
04 potent 強力な
05 oncogene 腫瘍遺伝子、がん遺伝子 ★細胞のがん化に関与する、変異遺伝子の総称。
06 hypothesis ★正しくは複数形のhypotheses。
07 pharmaceutical 薬学の、製薬の
08 application 応用、利用、適用
09 iPS cell iPS細胞、人工多能性幹細胞 ★p. 94、Key Words参照。
10 pharmaceutical applications ★正しくは、a pharmaceutical application。
11 disease model (animal) 疾患モデル(動物) ★薬の薬理作用を評価するために、ヒトの病気(に近い状態)にした動物。
12 drug screening 薬剤スク

iPS細胞の医学・薬学への応用——一つ目は薬剤開発に必要な疾患モデルを作り出すこと

There are two major medical and ⓻pharmaceutical ⓼applications of ⓽iPS cells. The first one is ❿pharmaceutical applications, by generating iPS cells from patients we should be able to develop ⓫disease models. Then we can perform ⓬drug screening. So this is a pharmaceutical ⓭in vitro application of iPS cells. The other application is — ⓮in vivo application — is ⓯cell therapy or ⓰regenerative medicine.

iPS細胞は、主に2つの形で、医学・薬学へ応用することができます。一つ目は薬学への応用で、患者からiPS細胞を作り出すことによって、疾患モデルを開発できるはずです。その上で、薬剤スクリーニングを行うことができます。これが、iPS細胞を生体外で、薬学的に応用する道です。もう一つの、生体内での応用は、細胞治療、再生医療です。

リーニング　★多くの化合物群の中から、新規医薬品として有効な化合物を選択する作業。

⓭**in vitro**　試験管内での、生体外での　★分子生物学の実験などで、試験管内などの人工的に構成された環境にあること。

⓮**in vivo**　生体内での、生体内で行われる　★反応が生体内で起きていることを指す。in vitroの反意語。

⓯**cell therapy**　細胞治療　★組織を構成する細胞を選別・加工したり、幹細胞から誘導した細胞を輸注・移植したりすることで行う治療。輸血、造血幹細胞移植、遺伝子治療、再生治療などが含まれる。

⓰**regenerative medicine**　再生医療　★機能障害・不全に陥った生体組織・臓器に対し、幹細胞などを利用して復元を図る医療。

So let me first ❶discuss about pharma-ceutical application of iPS cells by using ❷motor neuron disease. As you know, motor neuron is a specific type of ❸nerve that ❹transmits the signal from the brain to our muscles. In these patients suffering from motor neuron disease, their motor neurons get ❺degenerated and ❻eventually die. So they will become unable to move.

まず、運動ニューロン疾患を用いて、iPS細胞の薬学的応用についてお話をさせてください。ご存じのとおり、運動ニューロンは、脳からの信号を筋肉へ伝達する特性を持つ神経です。運動ニューロン疾患を抱える患者の場合、運動ニューロンが変性を起こし、やがて死滅します。そのために、患者は動くことができなくなるのです。

Despite ❼numerous efforts by numerous scientists, we still don't have effective drugs for these patients suffering from motor neuron disease, ❽primarily because we don't have a good disease model to perform drug screening. It is impossible to ❾obtain sufficient amount of motor neurons from patients by ❿biopsy to perform drug screening, so that has been the ⓫limitation.

数多くの科学者による多大な努力にもかかわらず、こうした運動ニューロン疾患を抱える患者に効果のある薬剤は、いまだにできていません。それは主に、薬剤スクリーニングを実施するための、適切な疾患モデルがないからです。薬剤スクリーニングを行うのに十分な量の運動ニューロンを、生検によって患者から採取するのは不可能ですので、そのことが制約となってきました。

❶ **discuss about** ★aboutは不要。

❷ **motor neuron disease** 運動ニューロン疾患 ★筋肉を動かす運動ニューロンが変性を起こし、全身の筋肉が徐々に萎縮し、運動機能が失われる病気。neuronは「神経細胞」の意。

❸ **nerve** 神経、神経線維

❹ **transmit** 伝達する

❺ **degenerate** 衰える、衰退する、変性する

❻ **eventually** 結局、いつかは

❼ **numerous** 非常に多い、おびただしい

❽ **primarily** おおむね、主として

❾ **obtain** 手に入れる、得る

❿ **biopsy** 生体組織検査、生検、バイオプシー ★患者から、病変部位の組織を採取し、顕微鏡で観察することによって、病気の診断などを行う、臨床検査。

⓫ **limitation** 限界、弱み、制約

⓬ **places** ★正しくはplace。

But now with this technology, iPS cell technology, many researchers all over the ⓬places in the world, they have been generating iPS cells from patients suffering from motor neuron diseases and other intractable diseases.

しかし、今ではこの技術、iPS細胞の技術を用いて、世界中の多くの研究者が運動ニューロン疾患やその他の難病を患う患者から、iPS細胞を作り出しています。

受賞から7年後の2019年、記者会見でiPS細胞の再生治療への具体的な応用例についてスピーチする山中教授　Photo: つのだよしお／アフロ

もう一つの応用——
iPS細胞からさまざまなタイプのヒト細胞を作って再生治療を行えるようになる

Let me move on to the other application, namely cell therapy, or also known as regenerative medicine. So just like human ⓿①ES cells, we can expand the number of human iPS cells as much as we want. Then we can make a large amount of various types of human cells from iPS cells, including ⓿②dopaminergic neurons, ⓿③retinal cells, ⓿④cardiac cells, ⓿⑤neural progenitor cells, ⓿⑥platelet, then we should be able to use these cells to treat patients suffering from ⓿⑦Parkinson Disease, ⓿⑧macular degeneration, ⓿⑨cardiac failure, ⓾spinal cord injury and ⓫platelet deficiency.

もう一方の応用、すなわち細胞治療、もしくは再生医療という名でも知られているものに話を移します。ヒトES細胞と同じように、ヒトiPS細胞は、必要なだけその数を増大させることができます。ドーパミン作動性ニューロンや網膜細胞、心筋細胞、神経前駆細胞、血小板といった、さまざまなタイプのヒト細胞を、iPS細胞から大量に作ることができるわけです。そうすれば、そうした細胞を使って、パーキンソン病や黄斑(おうはん)変性症、心不全、脊髄損傷、血小板減少症を患う患者を、治療することができるはずです。

⓿① ES cells 胚性幹細胞、ES細胞 ★p. 94、Key Words参照

⓿② dopaminergic neuron ドーパミン作動性ニューロン ★神経伝達物質としてドーパミンを放出する。これが変成・脱落することにより、パーキンソン病（⓿⑦参照）などの疾患を引き起こす。

⓿③ retinal cell 網膜細胞 ★眼球の内面を覆う、網膜を構成する細胞。

⓿④ cardiac cell 心筋細胞 ★心臓の筋肉を構成する細胞。

⓿⑤ neural progenitor cell 神経前駆細胞 ★神経幹細胞から分裂した、自己複製能を持った細胞で、ここから神経細胞が生み出される。

⓿⑥ platelet 血小板 ★血液に含まれ、止血作用を持つ。

⓿⑦ Parkinson Disease パーキンソン病 ★脳内のドーパミン不足によって生じる神経変性疾患。手足の震え・こわばり、動作が緩慢になるなどが主な

iPS cells became possible with three ⓬pre-existing scientific ⓭streams. Now, from iPS cells, new scientific streams have already ⓮emerged. So I really hope that in the very near future these technologies will help patients, either in cell therapy or in drug discovery.

Special thanks to Nobel Media Archive

iPS細胞は、先行する3つの科学的潮流があって実現したものです。今、iPS細胞から新たな科学的潮流がすでに現れています。ですから、ごく近い将来に、こうした技術が細胞治療や新薬開発という形で患者を救うことを、心から願っています。

（訳：増田恵里子）

症状。

⓼ **macular degeneration** 黄斑変性症 ★網膜にある黄斑部が変性を起こす疾患で、失明の原因となり得る。

⓽ **cardiac failure** 心不全 ★心臓の血液拍出が不十分で、全身が必要とするだけの循環量を保てない状態。

⓾ **spinal cord injury** 脊髄損傷

⓫ **platelet deficiency** 血小板減少症 ★血液中の血小板の数が減少する病気。

⓬ **pre-existing** 前から存在する、事前の

⓭ **stream** 流れ、動向、趨勢、風潮

⓮ **emerge** 出現する、現れる

Follow-Up-Column

――― その後のiPS細胞の研究開発 ―――

再生治療や細胞の若返りが やがて現実のものになる!?

大野和基（ジャーナリスト）

iPS細胞は山中伸弥氏が名付けた細胞で、山中因子と呼ばれる4つの遺伝子を使って初期化された細胞のことであるが、この初期化のことをリプログラミングと言う。この技術の応用範囲は広く、脳・神経ではパーキンソン病や脊髄損傷、心臓では心不全、眼では加齢黄斑（おうはん）変性や角膜移植などがある。すでに治験が始まっているものもあるが、このレクチャーで氏が指摘するように、疾患モデルを開発し薬剤スクリーニングをすることや、再生医療としての役割が主なものである。特に再生医療への注目度は高く、日本政府が研究資金を削減しようとした際は研究が停滞するのではないかと危惧するニュースが流れた（その後、政府は一転して支援継続を決めた）。

2023年2月、慶應義塾大学などのチームは、iPS細胞から神経の基となる細胞を作り、脊髄損傷で神経が完全に分断された後7週間経ったラットに移植したところ、神経が新しくつながり運動機能が回復したと発表したが、損傷から長期間経過した慢性期の「完全脊髄損傷」が回復した例は世界初で、治療法につながる可能性がある。完全損傷は傷痕を覆う組織などが妨害して細胞が定着せず、治療は困難とされてきたので、再生医療としてのiPS細胞の役割は大いに期待できるだろう。

さらに、今世界中で最も耳目を集めているのが、細胞の若返りとしての手段だ。例えば、ハーバード大学医学大学院のデビッド・シンクレア教授らの研究グループが、高齢マウスの目に、山中因子の4つの遺伝子のうち3つの遺伝子を誘導する注射を4週間投与したところ、老化によって低下していた視力が回復した。また、アメリカとスペインの研究グループが早老症マウスの生体内で、8週間周期的に山中因子の4つの遺伝子を誘導した実験では、腎臓、肝臓、膵臓の機能が改善し、寿命が劇的に延びたという。

このレクチャーの最後でも語られているように、iPS細胞を使った技術が再生医療や新薬開発という形で、今まで助からなかった患者を救うことができる将来は、そう遠くないだろう。

女性政治家としての苦悩と寛容でおおらかな国への切望

ヒラリー・クリントン

Hillary Clinton　政治家、弁護士

"I am on the side of an inclusive, generous, open-hearted country."

あらゆる人を受け入れる、寛容でおおらかな国の一員だと思っています。

Profile

1947年、アメリカ、シカゴ生まれ。
'73年にイエール大学のロースクールを卒業し、弁護士活動を開始。
'75年、ロースクール時代に出会ったビル・クリントンと結婚。
'93年、夫の大統領就任後は、積極的に国政に参加するファーストレディーとなる。
2001年より上院議員を務めた後、'09年からはオバマ政権の国務長官として史上最多の112カ国を訪問。
'16年の大統領選挙に初の女性候補として民主党から出馬したが、共和党のトランプ候補に敗れた。その後、政治家として一線は退くも、弱者救済を主眼に精力的に活動を続けている。
'20年の大統領選では夫とともに民主党選挙人を務めた。

インタビューの背景

「最強のファーストレディー」と呼ばれ、その後、自らも政治家となったヒラリー・クリントン。2008年の大統領選では、バラク・オバマを相手に民主党候補の座を競い、敗れたものの、オバマ大統領のもとで国務長官に就任。'16年には民主党選出の大統領候補としてドナルド・トランプと激しい戦いを繰り広げた。

4年後の'20年、先の大統領選での彼女の闘いぶりの映像記録と本人インタビューから成るドキュメンタリー番組『ヒラリー』がHuluで配信された。トップキャリアを築いた彼女は、賛美される一方で「人を見下した鼻もちならない女」と反発を招くことも多く、それが大統領選敗北の一因ともされるが、番組では、女性候補者が好感度に過度に左右されることへの憤りをもにじませる。

本インタビューは、トランプ政権下、ヒラリーが番組の監督と共に行った制作発表の記者会見から、彼女の発言を抜粋したもの。女性政治家として一線にいた頃の苦悩に触れ、さらに独裁的でない寛容でおおらかな国を目指すために投票してほしいと、国民に呼び掛けている。

Interview Data

収録日：2020年1月17日
収録地：アメリカ、ロサンゼルス

Photo: ロイター／アフロ

インタビューを聞く前に

Listening Points

形式 記者会見

速さ 標準

語彙・表現 比較的平易な言葉で抽象的な言い回しをしている箇所が多い。

話し方 出だしは速いが考えながらゆっくり話している部分も。言葉を駆使して考えを言い尽くそうとしている。

Key Words

『ヒラリー』 ／*Hillary*: Hulu制作のドキュメンタリー（2020）。トランプを相手に戦った2016年大統領選挙の舞台裏などを記録した映像と、ナネット・バースタイン監督との35時間に及ぶインタビューを基にしている。

ビル・クリントン ／Bill Clinton: ヒラリーの夫。1946年生まれ。第42代米国大統領（在任1993-2001）。民主党。大統領を2期務め、ITを活用した経済政策や教育政策を推進した。

国民皆保険制度 ／universal health care: 全国民が公的な医療保険に加入する制度。1992年の大統領選挙でビル・クリントンが公約として掲げた。大統領就任後、妻のヒラリーを中心とした専門委員会が法案を作成するも、実業界や民間保険業界などの強硬な反対に遭い頓挫。オバマ政権の2014年に民間の枠組みの中で「オバマケア」として実現したが、運営面でいまだに問題は多い。

聞きどころ

まず、ファーストレディーとして政治の表舞台で活動を始めた際に、**世間の強い反発に遭ったつらい経験について、言葉を絞り出すようにして**語っています。続けて、独裁政治を許さないために**投票への参加**と、**メディアリテラシーを持つことの大切さ**について説きます。理知的な語りながら、熱い思いが感じられます。メディアについての彼女の発言は、**現代の日本のわれわれが直面する問題**にもつながります。最後に自分の**"アピール下手"についてしみじみ反省**しているくだりを聞くと、"強くてプライドが高い"という一般的なイメージとは異なった印象を持つかもしれません。

ファーストレディーへの両極端の評価——医療制度改革に取り組んだヒラリーの人形がなぜ火あぶりにされたのか？

Interviewer: During the process of making ⓿①the film, did you ⓿②come to any conclusions about why reactions to you are so extreme in both directions?

インタビュアー：作品の制作を進める間に、ご自分への（世間の）反応が両極端になる理由について、何か結論は得られましたか？

Hillary Clinton: It's really interesting. I think I did around 35 hours of interviewing with Nanette and ⓿③I have to say some of it was clear to me, and really, she ⓿④picked up on it ⓿⑤early on, I became a kind of ⓿⑥Rorschach test for women and women's roles as soon as I ⓿⑦burst onto the public scene, when ⓿⑧Bill was running for president. I'd lived, you know, more than 40 years before that, and I had no real understanding of what it meant to ⓿⑨be thrust into this highest, brightest ⑩platform and try to live your life and ⑪kinda ⑫go along with what you'd always done.

ヒラリー・クリントン：実に面白いですよね。ナネットとのインタビューを35時間ほど行ったと思いますが、確かに、私には理由の一部がはっきりとわかりました。まさに、彼女は早い時点で気づいたのですが、ビルが大統領選に出て私が公の場に登場した瞬間、私は女性と女性の役割に関するロールシャッハ・テストのようなものになったのです。それまで40年以上生きてきた私でしたが、この最も高く、最も輝かしい（大統領夫人という）座へと突き進みながらそれまでと同じ生き方を続けようとするのがどういうことなのか、現実にはわかっていませんでした。

Hillary Clinton

- ⓿① **the film** ★『ヒラリー』のこと。p.108、Key Words参照。
- ⓿② **come to a conclusion** 結論に達する
- ⓿③ **I have to say ~** 本当に～だ、まったく～だ
- ⓿④ **pick up on ~** ～に気付く
- ⓿⑤ **early on** 早い段階で
- ⓿⑥ **Rorschach test** ロールシャッハ・テスト ★あいまいな図を被験者に見せて、何を連想するかで性格や心理状態の特徴を診断する検査。
- ⓿⑦ **burst onto ~** ～に突然現れる
- ⓿⑧ **Bill (Clinton)** ビル（・クリントン） ★p.108、Key Words参照。
- ⓿⑨ **thrust A into B** AをBに突っ込む、AをBに押し込む
- ⑩ **platform** （周囲より高い）台、演壇 ★p. 117、6行目では「発言できる場・機会」の意。
- ⑪ **kinda** ちょっと、まあ ★kind ofの口語表現。
- ⑫ **go along with ~** ～に賛同・同調する、～を支持する

So, for example, when Bill asked me to lead our efforts on ❶universal health care, it seemed pretty standard to me because I had done similar things in ❷Arkansas on education. And so, ❸little did I know that it would create the most, uh, extraordinary ❹backlash — that the first lady would be involved in trying to make sure everybody had quality, affordable health care in our country. And there's a scene in the movie, which I had forgotten until Nanette ❺dug it up, of me being ❻burned in effigy for wanting health care.

それで、例えば、ビルが私に国民皆保険への取り組みの先頭に立ってほしいと頼んできたときも、特別なことではないと感じられました、アーカンソー時代に教育政策で同じようなことをした経験があったので。なので、尋常でない反発を招くとは思ってもみませんでした——わが国のすべての人が手頃な料金で良質な医療を受けられるようにする取り組みに、ファーストレディーが関与するということが。そして映像の中に出てくるある場面では、ナネットが掘り出してくるまで私も忘れていたのですが、私をかたどった人形が火あぶりにされているのです、医療制度改革をしようとしたという理由で。

So, part of it was the timing that I came on the national scene, what I chose to do, which was extremely ❼controversial, the fact that I was the first sort of, quote, first lady of my generation and had been working ever since I was a young woman ❽in the professional workforce. And then, I'm sure, you know, you don't have to like everybody in ❾public life. You can not ❿vote for them because of whatever reason you pick. So, I'm sure, you know, there

というわけで、一つには私が国政の場に出てきたタイミングがあり、私の選んだ行動が非常に議論を呼ぶものであったということがあり、私が、いわばこの世代初のファーストレディーで、若い頃から専門分野で仕事をしてきた女性だったということがあります。とはいえ、私ももちろんわかっています、皆さんが公人を全員好きになる必要はありません。誰かに投票“しない”理由は、何であれその人が決めることです。つまり、個人的な反応もあったでしょうが、それ以上に根本にあったのは私たちの生きていた時代であり、あの当時の人々が私——私という人物、私が関心を示した問題、私の行動

❶ **universal health care** 国民皆保険、ユニバーサルヘルスケア ★p.108、Key Words参照。

❷ **Arkansas** アーカンソー州 ★アメリカ南部の州。ビル・クリントンが大統領になる前、知事を務めていた。

❸ **little did I know** 知る由もなかった、思いもよらなかった ★I knew littleを強調のため倒置した形。

❹ **backlash** 反発

❺ **dig ~ up** ～を掘り起こす ★dugはdigの過去形・過去分詞。

❻ **burn ~ in effigy** ～をかたどった人形を燃やす ★effigyは「偶像、人形」の意。

❼ **controversial** 議論を招くような、異論の多い

❽ **in the professional workforce** 専門職の分野で、専門職として ★弁護士として活動していたことを指す。

❾ **public life** 公人としての生活・活動

were personal reactions, but I think it ⓫was even more rooted in the time we were in and the, kind of, challenging impression that people had of me at that time, and who I was and what I cared about and what I did.

——に対して抱いた、挑戦的な感じの印象だったと思います。

夫のクリントン大統領に依頼され、保険制度の改革に取り組み始めた頃のヒラリー。ファーストレディーとしての異例の試みは、その後、尋常ではない反発に遭い改革は頓挫した　Photo: AP/アフロ

⓾**vote for ~**　~に投票する ★次の章の見出しにあるvoterは「有権者」の意。

⓫**be rooted in ~**　~に根差す、~に起因する

否定的で排他的で意地の悪い政治から抜け出すには、まず投票を！

Interviewer: What do you hope American voters can learn from this or ⓿¹take away from this that will help them make decisions ⓿²going forward?

インタビュアー：今後、アメリカの有権者が意思決定を進める助けとして、彼らに本作から学んでほしいこと、受け取ってほしいことは何ですか？

Clinton: I think the most important message is we are — and I say "we," 'cause that's the, the side that I'm on — I think I ⓿³am on the side of an ⓿⁴inclusive, generous, ⓿⁵open-hearted country that ⓿⁶faces up to the future, tries to ⓿⁷bring people together to make difficult choices, of which we have many facing us, and that we're in a real struggle with a form of politics that is incredibly negative, exclusive, ⓿⁸mean-spirited, and it's going to be up to every voter, not only people who vote in ⓿⁹Democratic primaries, to recognize that ⑩this is no ordinary time. This is an election that will have such ⑪profound impact.

クリントン：最も重要なメッセージは、私たちが――「私たち」と言うのは、私も一員だからなのですが――私は、あらゆる人を受け入れる、寛容でおおらかな国の一員であると思っています。未来を見据え、直面しているたくさんの難しい選択をするため一丸となろうとする国の。そして私たちは、あまりにも否定的で排他的で意地の悪い政治の在り方のために、ひどく苦しめられています。ですから、今回はいつもとは違うのだと認識できるかどうかが、民主党予備選挙で票を投じる人だけでなく、すべての有権者の肩にかかっています。今回は、とても重大な影響をもたらす選挙なのです。

01 **take away A from B** BからAを学び取る
02 **going forward** 今後
03 **be on the side of ~** ～の味方である、～を支持している
04 **inclusive** すべてを含んだ、何者をも排除しない ★7行下のexclusiveは対義語で「排他的な、特権階級専用の」。
05 **open-hearted** 心の広い
06 **face up to ~** ～を見据える、～に立ち向かう ★3行下のfaceは「～の面前にある、～に迫っている」の意。
07 **bring ~ together** ～を団結させる
08 **mean-spirited** 意地の悪い、悪意のある
09 **Democratic primaries** 民主党予備選挙 ★大統領選挙で民主党の指名候補を選ぶために行われる一連の選挙。Democraticは「民主党の」の意。p. 115、下から3行目のdemocraticは「民主（主義）的な」の意。
10 **this** ★大統領選挙が行わ

Interviewer: But the problems are so huge, what can any one individual do?

インタビュアー：でも、問題はとても大きいです。一個人に何ができるでしょう？

Clinton: Wow. I don't mean to be ⑫overly ⑬simplistic or ⑭put on my rose-colored glasses, but I would say a couple of things.

クリントン：あら。過度に単純化した言い方をするつもりも状況を楽観視するつもりもありませんが、申し上げたいことはいくつかあります。

One, vote. Please vote. It is almost a ⑮truism to say that we can look at what's happening politically in our country right now and be so ⑯discouraged, so ⑰frustrated, even ⑱disgusted, that you just, it just ⑲turns you off. And why, in any way, ⑳participate or ㉑contribute to that ㉒absolute craziness?

一つ目は、投票することです。投票してください。今のこの国の政治状況を目にすると、ひどく落胆し、不満を感じ、嫌悪すらしてしまってただ目を背けるというのが、自明の理になりかかっています。そんな完全なる狂気の沙汰に、どんな形であれ、参加したり貢献したりする理由があるでしょうか。

It doesn't have to be that way. It wasn't so long ago that we actually had a president where we didn't have to worry every morning when we woke up about what was going to happen that day. Or what crazy tweet would ㉓threaten war or some other awful ㉔outcome. So, there is no ㉕substitute for voting.

そんなふうである必要はないのです。ついこの間までは、朝起きるたびに「今日は何が起こってしまうんだろう」と心配する必要のない大統領が、ちゃんといたのです。あるいは「どんなばかげたツイートが戦争やその他の恐ろしい結果の可能性を引き起こすのだろう」とも。ですから、投票に代わるものはありません。

れる2020年のこと。

⑪ **profound** 深刻な、重大な
⑫ **overly** 過度に
⑬ **simplistic** 単純化された
⑭ **put on one's rose-colored glasses** バラ色の眼鏡を掛ける、楽観的な見方をする
⑮ **truism** わかり切ったこと
⑯ **discouraged** がっかりした、やる気をなくした
⑰ **frustrated** 不満を感じた
⑱ **disgusted** 嫌悪感を覚えた
⑲ **turn ~ off** ～にそっぽを向かせる、～をうんざりさせる
⑳ **participate** 参加する
㉑ **contribute to ~** ～に寄与する、～に参加する
㉒ **absolute** まったくの、絶対的な
㉓ **threaten** （物・事が）～（悪い事態）を招く恐れがある、～の兆候がある
㉔ **outcome** 結果
㉕ **substitute for ~** ～に代わるもの

メディアへの注文：民主主義の根幹となる正しい共通認識を提供し独裁者の誕生や、"法の支配"の弱体化を防ぐべし

Clinton: Second thing — you all are in the media, you ⓪¹cover it, you're part of it — we've got to ⓪²somehow understand that you can't make good decisions in a ⓪³democracy if we can't even ⓪⁴agree on basic facts, if we can't have some understanding of what the ⓪⁵evidence is on which we base our decision making.

クリントン： 2つ目は——（ここにいる）皆さんはメディア関係者です、皆さんが（大統領選を）報道するのです、皆さんも（大統領選の）一部です——これはどうしても理解しておくべきことですが、民主主義ではよい決定をすることができません、もし基本的事実を共通認識として持つことができなければ。意思決定の基礎となる根拠が何なのか、ある程度了解できていなければ。

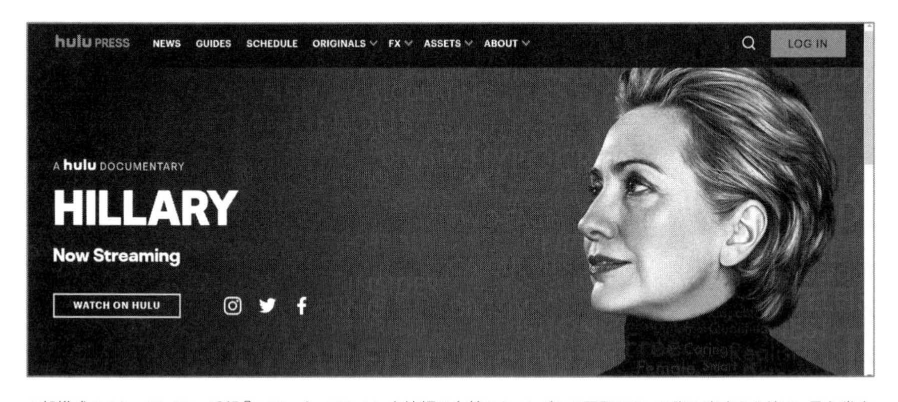

4部構成のドキュメンタリー番組『ヒラリー』。クリントン大統領の女性スキャンダルが問題になった際の率直な心境や、民主党内の女性差別への激しい批判を盛り込んだ本作は、放映後、高い評価を受けた

- 01 **cover** ～を報道する
- 02 **somehow** ある程度、何らかの形で
- 03 **democracy** 民主主義
- 04 **agree on ~** ～に関して同意する、～について意見が一致する
- 05 **evidence** 根拠、証拠
- 06 **transport** ～を運ぶ
- 07 **challenge** ～（人）に異議を申し立てる、～に疑問を呈する
- 08 **take A out of B** AをBから連れ出す
- 09 **tune into ~** ～に注意を向ける
- 10 **rely on ~** ～を頼りにする
- 11 **authoritarian** 権威主義者、独裁者
- 12 **rise up** のし上がる、姿を現す
- 13 **to start with** 手始めに、最初は
- 14 **secretary of state** 国務長官 ★外交を担当する閣僚。ヒラリーはオバマ政権1期目に4年間、国務長官を務め

And even though the media has a great role in ⓺transporting us, and ⓻challenging us, and ⓼taking us out of our everyday reality, there does need to be a kind of base reality that people can ⓽tune into and feel they can ⓾rely on. And there's a lot of good work that's been done about how ⓫authoritarians ⓬rise up, because remember, historically, most authoritarians were elected ⓭to start with.

そして、メディアには、私たちをよその土地へ連れて行ってくれたり、私たちに問題提起をしたり、日々の現実を忘れさせてくれたりする大きな役割がありますが、人々が耳を傾け、頼りにしようと思える土台となる現実もなくてはならないのです。独裁者たちがどうやって権力をつかむのかを扱った優れた研究がたくさんあります。忘れてはならないことですが、歴史的に、ほとんどの独裁者が最初は選挙で選ばれるのですから。

And when I was ⓮secretary of state, I had a ⓯saying I would ⓰go around and, to 112 countries, and one of our missions was to try to ⓱embed democracy and democratic ⓲principles and ⓳rule of law and everything that ⓴goes with it.

また、私が国務長官だったとき、112カ国を訪問して回ると宣言しましたが、その任務には、民主主義と民主主義の原則、法による支配、それに伴う諸々のことを根付かせるという目的がありました。

た。
⓯**saying** 言明
⓰**go around** 回って行く、訪れる
⓱**embed** ～を埋め込む、～を根付かせる
⓲**principle** 原則、原理
⓳**rule of law** 法による支配、法治主義
⓴**go with ~** ～に伴う、～に付随する

Because too many elections were "❶won and done." A guy wins — mostly, usually, always a guy *(laughter)* — a guy wins, and then he ❷takes over, then he starts ❸manipulating the press. May—and then he starts manipulating what reality is. And then he starts ❹undermining the rule of law. And so, pretty soon, people don't know what to believe, they ❺retreat into their private spaces, because there's no common reality anymore.

なぜなら、勝ったらそれで終わり、となる選挙が多過ぎたからです。ある男性が勝って——たいてい、通常、常に、男性です(笑い)——男性が勝って、権力の座に就き、それからメディアを操作し始めます。そして次に、現実に手を加え始めます。それから彼は、法による支配の弱体化を始めます。やがて、国民は何を信じていいかわからなくなり、自分だけのスペースに引きこもります。もはや共通認識としての現実がないからです。

And the final thing I would say is ❻we've got to ❼figure out how to have a more ❽constructive relationship with social media. And it won't surprise you to hear me say that I am worried because everything I've just said about what can happen in the political ❾realm is ❿amplified, ⓫exacerbated in the realm of social media.

そして私が最後に申し上げたいのは、ソーシャルメディアとの建設的な関係の築き方を見つけ出さねばならないということです。私がこう言っても皆さんは驚かないでしょうが、私は心配しています。なぜなら、政治の世界で起こり得るとたった今指摘したことはすべて、ソーシャルメディアの世界では拡大され、悪い形で増幅されるからです。

❶ **won and done** 勝ったらそれで終わりの
❷ **take over** (仕事などを)引き継ぐ、権力の座に就く
❸ **manipulate** ～を操作する、～を操る
❹ **undermine** ～を弱体化させる
❺ **retreat into ~** ～に引きこもる
❻ **we've got to** ★'ve got to = have got to = have to
❼ **figure out ~** ～(解決策など)を考え出す
❽ **constructive** 建設的な、前向きな
❾ **realm** 領域
❿ **amplify** ～を増幅させる、～を拡大させる
⓫ **exacerbate** ～(悪い物)を増幅させる、～を悪化させる
⓬ **have a stake** 利害関係のある
⓭ **vaccinate** ～に予防接種をする ★安全性への危惧や宗教的信念などを理由に予防接種を否定する人々がいること

And I hope that voters, citizens, activists, everybody who knows you ⓬have a stake, which is everybody, in the kind of future we should build together does speak out, does use whatever platform you have, to say, "Wait a minute. You can disagree with the facts, but there are facts." You know, "You can choose not to ⓭vaccinate your children, but there are facts. You can choose not to ⓮believe in ⓯climate change, but there are facts."

ですから望んでいます、有権者が、市民が、活動家が、つまり、私たちが共にどのような未来を築くべきかということに利害関係を持つと意識しているすべての人が——誰もがそうなのですが——声を上げ、どんな発言の場でも利用して、「ちょっと待って」と言うこと。「事実に賛同できなくても構わない、でも事実は存在するんだ」と。「子どもに予防接種をしないという選択をしても構わない、でも（予防接種に関する）事実は存在する。気候変動を信じないという選択をしても構わない、でも（気候変動に関する）事実は存在するんだ」と。

And somehow we've got to ⓰shoulder that responsibility, not only, you know, at the political leadership level but ⓱literally at the citizen, activist, ⓲concerned-human-being level.

私たちは何らかの形でその責任を担わなければなりません、政治的指導者のレベルだけでなく、文字どおり市民、活動家、関心を持つ人間のレベルで。

を念頭に置いている。

⓮ **believe in ~**　～の存在・重要性を信じる

⓯ **climate change**　（地球温暖化などの）気候変動　★特に経済関係者や保守層に「温暖化は存在しない」と主張する人々が一定数いることを念頭に置いている。

⓰ **shoulder**　～を担う、～（責任など）を引き受ける

⓱ **literally**　文字どおり

⓲ **concerned-human-being**　関心のある人間、心配している人間　★ここでは、まとめて次のlevelの修飾語とするため、ハイフンでつなげている。

もう少し上手に自分自身をアピールして世間の誤解を解くべきだったかもしれない

Interviewer: What ⓪①element of this was the most ⓪②humbling for you during the production and ⓪③shooting of this documentary?

インタビュアー：このドキュメンタリーの制作・撮影において、最も謙虚な気持ちにさせられるような要素は何でしたか？

Clinton: There were a lot of humbling moments. You know, one was the ⓪④recognition that I have been often, ⓪⑤in my view, obviously, ⓪⑥mischaracterized, misperceived and that I have to ⓪⑦bear a lot of the responsibility for that — that whatever the combination of reasons might be, I certainly didn't do a good enough job to ⓪⑧break through a lot of the perceptions that were out there. So that was a ⓪⑨constant recognition.

クリントン：謙虚な気持ちにさせられるような場面は何度もありました。一つは、もちろん私の見方ではありますが、私自身、誤った捉え方をされたり誤解を受けたりすることが多く、それについては自分に多くの責任があると認識したことです——理由の組み合わせはどうあれ、世間のいろいろな見方を打ち破るだけのことを私がしなかったのは確かです。というわけで、これはしょっちゅう認識させられました。

I mean, because it was quite common for people who knew me, who worked with me, worked for me, were ⑩colleagues of all sorts, to ⑪shake their heads at the way I was

というのも、私を知る人、一緒に仕事をした人や私のもとで働いていた人、いろいろな形での仕事仲間は、私の描かれ方に首を振るのが常でしたから。私もそういったものを笑い飛ばし、相手にしないで、考えないようにして

⓪① **element**　要素、構成部分
⓪② **humbling**　謙虚な気持ちにさせるような
⓪③ **shooting**　撮影
⓪④ **recognition**　気付くこと、認識
⓪⑤ **in one's view**　～の見方では、～の意見では
⓪⑥ **mischaracterize**　～の特徴の捉え方を誤る、～の性格について誤った描写をする
⓪⑦ **bear**　～（責任など）を負う
⓪⑧ **break through ~**　～(イメージなど)を払拭する、～を打ち破る
⓪⑨ **constant**　持続する、絶え間ない
⑩ **colleague**　仕事仲間、同業者
⑪ **shake one's head**　首を(横に)振る　★否定のしぐさ。
⑫ **portray**　～を描写する
⑬ **blow ~ off**　～を吹き飛ばす、～を軽視して放置する
⑭ **brush ~ off**　～を払いのける、～を無視する
⑮ **intense**　集中した、強烈な

⓬portrayed. And I would just kind of ⓭blow it off, ⓮brush it off and not think about it.

いました。

But this process, which was so ⓯intense — I mean, 35 hours is a lot of time to spend with somebody — and to realize that I'm not any different than I was, but perhaps I could've and should've found ways to better ⓰present myself or ⓱deal with some of the misperceptions that were out there.

Coordinated by Jordan Riefe

ですが、今回のとても内容の濃いプロセスで——その、35時間も人と過ごすのはとても長いですよね——自分がかつてと少しも変わっていないとわかりましたが、もしかすると、もう少し上手に自分自身をアピールしたり、世間の誤解を解いたりするための方策を探ることもできた、そしてそれをすべきだったのかもしれません。

（訳：挙市玲子）

⓰**present oneself** 自己アピールをする、自分を打ち出す
⓱**deal with ~** ～に対処する

Follow-Up-Column

―― その後のヒラリーの生き方 ――

性別、年齢の障壁を跳ねのけて人々のために活動を続ける

パーソン珠美（通訳、ライター）

アメリカ大統領選挙が来年（2024年）に迫るなか、再立候補をめぐる動向に注目が集まるヒラリー・クリントン。もう政治の表舞台に立つことはないと明言しており、立候補の可能性は低いと見られているが、本の出版やドキュメンタリー番組への出演など、精力的な活動は続いている。

2021年にルイーズ・ペニーと共著で出版した小説『ステイト・オブ・テラー』は、一流推理作家と、政府の中心にいた元米国国務長官による政治スリラーということで話題を呼んだ。テロリストに立ち向かう女性国務長官を描いたエンターテイメント作品ながら、同作は、性別による過小評価と闘う主人公、見過ごされがちな危機への警告など、人々に伝えるべきと感じているメッセージも随所に織り込み、ヒラリーらしさを見せている。

インタビューでヒラリーは、本作品を作るに当たっても、性別と年齢への偏見を感じながらであったと語り、政治家として第一線を退いた今でも、ガラスの天井を感じる現状はあるようだ。

しかしながら、同作は、『ニューヨークタイムス』のベストセラーリストで1位にもなる高評価を獲得、見事プレッシャーを跳ねのけてみせた。

ヒラリーは教育の分野への貢献もし、今年からは、国政を担うリーダーを目指す人たちが学ぶコロンビア大学国際公共政策大学院にて教授として教壇に立ち、次世代の人たちに彼女の唯一無二の経験と知識を直に伝える。

さらに彼女は同大学の、世界中で起こっているさまざまな問題に焦点を当てる「ワールド・プロジェクト」にも参画し、大学内外の人々と広く協力し合い問題解決を目指す。

もう選挙に立つようなことはないと言いながらも、ヒラリーは、「国内外の懸念事項への関心を失うことはない」と、メディアでたびたび語っている。性別に加え、年齢という障壁が加わったこともものともせず、人々のためにエネルギッシュに行動する、変わらぬ姿を見せ続けてくれることが期待できそうだ。

人として、女性として

フェミニストの大先輩に真に平等な社会の在り方を問う

エマ・ワトソン

Emma Watson 女優、UN Women 親善大使

Photo: ZUMA Press／アフロ

Profile

1990年、フランス、パリ生まれ。
父はイギリス人、母にはイギリス人とフランス人の血が流れている。10歳のときに映画『ハリー・ポッターと賢者の石』(2001)のオーディションでハーマイオニー役を射止め、10年にわたるシリーズで同役を演じ続けた。その後も女優としてさまざまな役柄に挑戦する一方、世界各国の女子教育促進活動に携わり、2014年7月に国連の男女同権推進機関UN Womenの親善大使に任命された。'16年は、自己研鑽と国連の活動のために俳優活動を1年間休業。'20年、ファッションコングロマリット、ケリングの取締役に就任。

... if we don't have democratic families, we're never gonna have a democratic society, ever."

もし家庭が民主的でなかったら、決して民主的な社会は得られません。

インタビューの背景

2014年にUN Womenの親善大使に任命されたエマ・ワトソンが、フェミニズム界のレジェンドであるグロリア・スタイネムに公開インタビューするという形を取った対談。

グロリア・スタイネムは大学卒業後、雑誌記者となったが、1960年代の性革命のさなかに自らバニーガールとして取材敢行したルポルタージュ「プレイボーイ・クラブ潜入記」を書いて世間を驚かせた。70年代はフェミニズム雑誌『Ms.』を創刊するほか、全国各地を飛び回って講演を行ったり、人権団体の設立に関わるなど旺盛に活動し、「旅するオーガナイザー」とも呼ばれた。

一方のエマ・ワトソンは彼女より50歳以上年下。俳優業を続ける一方、女子教育促進や男女平等問題に取り組む若きフェミニストだ。「平等な結婚」の実現について問うワトソンに、スタイネムは「まず家庭を民主的にしなければ、平等で民主的な社会は得られない」と語っている。

Interview Data

収録日：2016年2月24日／収録地：ロンドン

グロリア・スタイネム

Gloria Steinem

フェミニズム活動家、著述家

Profile

1934年3月25日、アメリカ、オハイオ州生まれ。
骨董商の父、母と共に10歳まで移動生活をするが、両親の離婚により、母子家庭で育つ。大学卒業後、雑誌記者となり、'63年にバニーガール姿の女性に接客をさせる「プレイボーイ・クラブ」の潜入取材を敢行して話題を呼んだ。70年代には、女性人権団体の設立や、女性の人権をテーマにした雑誌『Ms.』の創刊などを行い、アメリカのフェミニズムを牽引した。現在もSNS等を駆使して活動を続けている。

Photo: Shutterstock／アフロ

インタビューを聞く前に

Listening Points

形式 公開インタビュー（対談）

速さ エマ・ワトソン＝やや速い／グロリア・スタイネム＝標準

語彙・表現 概要把握に支障はないものの、時折 segue、patriarchy、saliva、transcendent、domicileなどややレベルの高い語彙が使われている。

話し方 ワトソンは若くハキハキと、スタイネムは言葉を選びながら話す、といった好対照をなし、母と娘の大人の会話のような雰囲気がある。両者とも、話すスピードが速い箇所があっても一つ一つの発音がはっきりしている。

Key Words

My Life on the Road ／2015年に発売されたグロリア・スタイネムの自伝。Random House刊。50年にわたる、各地でのフェミニズム活動と著述業についてつづっている。

国連キャンペーン ／the United Nations campaign: ジェンダー平等を目指す国連機関UN Womenの推進する男女協力キャンペーンHeForSheを指す。エマ・ワトソンは2014年にUN Womenの親善大使に任命され、国連本部や世界経済フォーラムのダボス会議などで男女同権を訴えるスピーチを行っている。

聞きどころ

エマ・ワトソンはグロリア・スタイネムにリスペクトを持って質問しながら、自分の体験や考えについてもよく語っています。まず**スタイネムに今の彼女の基盤を作った子ども時代**のことについて尋ねます。続けて**著述家としての自分と社会活動家としての自分**について質問しますが、ここからの流れで二人が**人前で話すときの緊張感**について語っているのが、女友達か母娘同士の会話のようでほほえましく思えます。さらにワトソンが**結婚の平等**について尋ねると、いよいよフェミニズムに関する核心的なトピックに移ります。まだまだ十分に平等とはいえないという見解から、子どもへの手本を示すこと、DV撲滅の大切さをスタイネムが説き、最後はワトソンが**つらい思いをしている人への思いやりの示し方**について語ります。

学校に行かない移動生活のおかげで
ジェンダーの洗脳を受けずにすんだ

Emma Watson: Thank you for being here and for letting me [01]interview you. It's a real [02]treat for me, and I know everyone here [03]is very grateful for all that you do and that you continue to write and speak [04]publicly. And I [05]absolutely loved [06]*My Life on the Road.*

[07]I wanted to start by asking you a few questions about your life and, and you, personally. In the book, er, you say that you didn't go to school as a child and that you travelled a lot with your mother and father, who was an [08]antique dealer. Do you think that this kind of unique experience [09]enabled you to see the world differently and more [10]imaginatively? Er, do you think that it [11]has any bearing on what you [12]ended up [13]doing with your life?

エマ・ワトソン：私のインタビューをお受けいただきまして、ありがとうございます。私にとって、この上ない喜びです。また、ここにおいでの（聴衆の）皆さんも、あなたのなさっていることすべてに、そしてあなたが外に向けて作家活動と発言を続けていらっしゃることに心から感謝しているでしょう。『My Life on the Road』は、本当に素晴らしかったです。

さて、まずはあなたの半生とあなたご自身について、幾つかお伺いしたいのですが。あの本の中で、あなたは子どもの頃、学校へ行かず、お母さまや商をしていたお父さまと一緒にずっと移動生活をしていた、と書かれています。こうした独自の体験のおかげで、世界を、違った、より想像力豊かな目で見られるようになったと思われますか？——それが、あなたの生涯の活動となったことに何か関係していると思われますか？

[01] **interview** （～に）インタビューする
[02] **treat** 特別な喜び
[03] **be grateful for ~** ～を感謝している
[04] **publicly** 公の場で
[05] **absolutely** まったく、断然
[06] ***My life on the Road*** ★スタイネムの自伝。p.124、Key Words参照。
[07] **I wanted to do** ★過去形で遠慮や丁寧さを表している。
[08] **antique dealer** 骨董商、古美術商
[09] **enable A to do** Aが～できるようにする
[10] **imaginatively** 想像力豊かに
[11] **have a bearing on ~** ～に関わりがある
[12] **end up doing** ～することになる
[13] **do ~ with one's life** 人生を懸けて～する、～することで生涯を費やす

Gloria Steinem: I think that ❶absence of school, which I ❷regretted at the time — you know, I wanted to go to school like the other kids, you know, like I saw in movies; people lived in houses, not in ❸house trailers, you know, er — but ❹in retrospect I think it was a, kind of, good thing, because I ❺missed a certain amount of ❻brainwashing, er, ha-ha . . .

グロリア・スタイネム：思うに、学校に行かなかったことは、当時は残念だったのですが――ほら、私はほかの子たちと同じように学校に行きたかったんですよ、映画で見たように。人はトレーラーハウスではなく家で暮らすものですからね。でも、後になって考えると、あれもまあ、いいことでした。私は、(ほかの子たちが受ける)洗脳をある程度受けずにすんだわけですから、ハハハ……。

Watson: Ha-ha.

ワトソン：ハハハ。

Steinem: Er, especially as it ❼has to do with ❽gender, which was very, is still true and was ❾way more true in my childhood. So, it's odd how the things that you regret sometimes ❿turn out to be the things that you ⓫celebrate. And, also, the travelling part turned out to ⓬equip me well to ⓭live with ⓮insecurity, which is a good thing. Ha-ha.

スタイネム：特に、ジェンダーに関してはそうです。ジェンダーに関する洗脳は今よりはるかに、今でもそうですが、私の子どもの頃は今よりずっと行われていましたから。ですから、不思議なものです、残念に感じていたことが、時に実はありがたいことだと判明するというのは。それに、移動生活という点も、不安定な環境で生きていける力を付けてくれたんだと、後でわかりました。これもいい点ですね。ハハハ。

Watson: Yeah, ha-ha.

ワトソン：そうですね、ハハハ。

❶**absence**　不在、欠如
❷**regret**　残念に思う
❸**house trailer**　ハウストレーラー　★車で引く移動住宅。
❹**in retrospect**　振り返ってみると
❺**miss**　免れる
❻**brainwashing**　洗脳
❼**have to do with ~**　～に関係する
❽**gender**　ジェンダー、社会的・文化的な観点での性別
❾**way**　はるかに
❿**turn out to do**　～することが判明する、結局～だとわかる
⓫**celebrate**　賛美する
⓬**equip A to do**　Aに～するための知識や技能などを備えさせる・身に付けさせる
⓭**live with ~**　～とうまくやっていく、～を受け入れる
⓮**insecurity**　不安定さ、不安感
⓯**a fair amount of ~**　かなりの量の～
⓰**rebel against ~**　～に反抗

Steinem: Er, and to lead to a life I never would've imagined, because, of course, I spent ⑮a fair amount of time ⑯rebelling against that part of my life, since I wanted to be like the other kids. But I, it allowed me to be a ⑰feminist ⑱organizer ⑲on the road.

スタイネム: それに、想像もしていなかったような生活へと導いてくれたことも。というのも、当然ながら私は、ほかの子たちと同じようになりたかったので、生活のその部分（移動生活）への反抗にかなりの時間を費やしましたから。でも、そのおかげで、旅するフェミニスト・オーガナイザーになれました。

Watson: I think anything that, when you're a child, that makes you different is, is really difficult.

ワトソン: 子どものときには、人と違っていることは何であれ、とてもつらいと思います。

Steinem: I think it's so important that we understand that we can't control what happens but we can use what happens.

スタイネム: 自分の身に何が起こるかはどうすることもできないけれど、起こったことを利用することはできる、と理解するのが、とても大事だと思います。

Watson: Definitely. I mean, just to be ⑳incredibly ㉑superficial, I used to hate that I had "strong" ㉒eyebrows as a 9-year-old. I ㉓desperately wanted to ㉔pluck them and make them two very thin lines. And, um, you know, you ㉕come to ㉖embrace these things.

ワトソン: 確かにそうですね。その、とてつもなく深みのないことを言うと、9歳の頃の私は、自分の「力強い」眉が大嫌いでした。抜いてしまって2本のとても細い線にしたくてたまりませんでした。それが、ほら、そういうことも受け入れられるようになるんです。

する

⑰ feminist フェミニスト ★性差別を廃止し、男女同権を主張する人・活動家。

⑱ organizer 主催者、組織者、まとめ役

⑲ on the road 旅に出て、移動中で

⑳ incredibly 信じられないほど

㉑ superficial 外見上の、表面的な、取るに足りない

㉒ eyebrow 眉 ★発音は[áibràu]。

㉓ desperately 必死で、猛烈に

㉔ pluck むしり取る、引き抜く

㉕ come to do ～するに至る、～するようになる

㉖ embrace （喜んで）受け入れる

And my mother desperately tried to tell me that it gave my face ⓪①character, and that if I made them two thin lines, that would be ⓪②a shame, and . . . But you don't listen, but, um, I think also I spent a long time trying to pretend that I wasn't like ⓪③Hermione, when of course I was rather like Hermione *(laughter)* and . . . and finally, finally have come to accept this fact. So, and it's made me, you know, it's made me who I am, and, and now I celebrate. So, yeah, I think that's an interesting ⓪④journey.

母は懸命に、そのおかげで私らしい顔になっているのだから、それを2本の細い線にしてしまったら、もったいない、と説得しようとしていましたが……。でも、耳を貸さないわけです。それに、私は長い間、自分がハーマイオニーには似ていない、という振りをしてきたと思います、もちろん、かなりハーマイオニーに似ていたのですが(笑い)……そして結局、最終的にはこの事実を受け入れるようになりました。そして、そのおかげで、ね、そのおかげで今の私があるわけで、今はありがたいと感じています。ですから、ええ、あれは興味深い道のりだと思います。

根っからの著述家だけれど 活動によって人々が出会い、議論が始まるのが大好き

Watson: Well, you started working as a journalist, and then, ⓪⑤at some point you, kind of, ⓪⑥segued into the, sort of, much broader, larger ⓪⑦activism. I'm interested in how you yourself, when you think of yourself, how do you ⓪⑧self-define?

ワトソン: さて、あなたはジャーナリストとして仕事を始め、やがてある時点で、いわば、ずっと幅広い、大きな(積極)行動主義へと移行していきました。興味があるのですが、あなたご自身は、自分のことを考えるとき、どう自己定義なさっていますか?

⓪① character 個性、特徴
⓪② a shame 残念なこと
⓪③ Hermione ハーマイオニー ★ワトソンが演じた、映画『ハリー・ポッター』シリーズ(2001-11)の登場人物。努力家の優等生。
⓪④ journey (長い)旅、道のり
⓪⑤ at some point ある時点で
⓪⑥ segue (音楽が次の楽章に)切れ目なく続く、(物事が)滑らかに推移する ★発音は[ségwei]。
⓪⑦ activism (積極)行動主義、アクティビズム
⓪⑧ self-define 自己定義する
⓪⑨ matter 重要である
⑩ the truth of the matter is . . . 実際のところは……だ
⑪ as much as . . . ……ではあるが
⑫ excited ★直前にI'mが省略されている。
⑬ looking at each other's backs ★look out for ~ (~の背後に[危険が近付いてい

Steinem: Well, I, I still call myself a writer because it's what ⓪⑨matters most to me, even though ⑩the truth of the matter is I spend more time on the road organizing, you know, doing other kinds of activism. But, er, I have to say that writing is still the one thing that when I'm doing it, I know I shouldn't be doing anything else. Ha-ha.

スタイネム：そうですね、私は今でも自分のことを著述家だと思っています。それが自分にとって最も大事なものだからです、たとえ、実際には、より多くの時間を、移動しつつ組織活動をして、つまり著作以外の活動をして過ごしていても、です。それでも、執筆はやはり、それをしているときには、ほかのことなんてしている場合じゃないと思う唯一のことでしょうね。ハハハ。

⑪As much as I love and ⑫excited by organising and seeing groups suddenly become . . . I mean, OK, here we are, we're each ⑬looking at each other's backs. We're in a ⑭hierarchy; hierarchy ⑮is based on ⑯patriarchy; patriarchy doesn't ⑰work anywhere anymore, ha-ha.

とはいえ、大好きでわくわくさせられるのは、まとめているときに目にするんです、グループが急に……つまり、いいですか、こうやって私たちがいて、私たちはお互いを気にしています。私たちはヒエラルキー社会の中にいて、ヒエラルキー社会は家父長制をベースとしています、家父長制はもはや、どこでも機能していませんが、ハハハ。

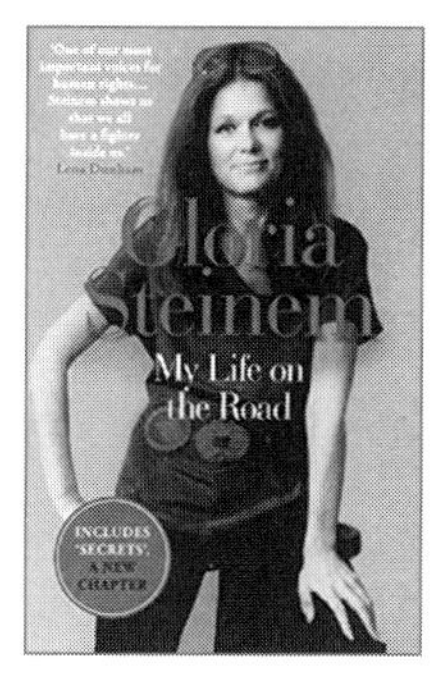

対談でも話題になった*My Life on the Road*（2015、Oneworld Publications）。「旅するフェミニズム活動家」としての人生をさまざまなエピソードとともに振り返っている

ないか］目を配る、～に注意する）とwatch one's back（～の安全のために用心する）のいずれかを意図していたと思われる。

⑭ **hierarchy**　ヒエラルキー、階層構造　★発音は[háiərὰːrki]。

⑮ **be based on ~**　～に基づく、～の上に築かれている

⑯ **patriarchy**　家父長制、父権社会

⑰ **work**　機能する

And so, in groups like this, it's great to suddenly see, er, discussions ❶emerge, and people, somebody over here asks the question, somebody there answers it. Er, announcements of ❷upcoming ❸trouble-making meetings. ❹The Feminist Library ❺is about to close, right, and there's a ❻demonstration against its closing, ❼hello, right as we speak. OK.

ですから、こうしたグループの中で、突然、討論が始まるのを目にするのがうれしいのです。人々が、この辺の誰かが質問を投げ掛け、あの辺の誰かがそれに答える、といったことが。ひと騒ぎ起こる集会がこれから始まるという、予告です。フェミニスト・ライブラリーが今にも閉鎖されそうで、だから閉鎖に抗議するデモが行われています。そうですよね、まさに私たちがこうやって話している間にも。そうなんです。

Watson: Yes.

ワトソン： ええ。

Steinem: So.

スタイネム： ね。

Watson: Yes, as we speak, today.

ワトソン： ええ、今日こうやって話している間にも。

Steinem: Right.

スタイネム： そうですね。

❶**emerge**　出現する、浮かび上がる
❷**upcoming**　来るべき、次の
❸**trouble-making**　もめ事を起こすような
❹**the Feminist Library**　★ロンドンにあるフェミニズム運動の資料を収めた図書館。財政的に苦しい運営が続いており、2015年に年間で倍以上の賃料の引き上げを通達され、この対談当時、閉館の危機に瀕していた。関係者の尽力で閉館は回避され、現在も運営は続いている。
❺**be about to do**　今にも～しようとしている
❻**demonstration**　デモ
❼**hello**　★聴衆に返事を求めている。
❽**in desperation**　必死の思いで、捨て身で
❾**when I first gave my speech**　★2014年9月に国連本部で行った男女協力キャンペーンHeForShe（p. 124、Key Words参照）

純粋に自分自身として人前で話すことは解放的であると同時に恐ろしい、でも意義がある

Steinem: Writing is personal, but I'm very grateful that I couldn't get published what I thought I hoped to publish about the women's movement. And, therefore, I ended up ⓼in desperation going out to speak, even though I thought I was gonna die. And still—

スタイネム: 執筆は個人的な行為ですが、とてもありがたく思っているのが、女性運動に関して出版したいと思った内容を出版できなかったことです。おかげで、決死の覚悟で人前に出て話をすることになったからです、死ぬかと思いましたけど。今でも——。

Watson: That's how I felt ⓽when I first gave my speech. I ⓾was really convinced that I was gonna die. Um, it was—

ワトソン: 私も初めてスピーチをしたときにそう感じました。絶対に死ぬと思いました。あれは——

Steinem: Well, all I've learned is you don't die, but I still—

スタイネム: まあ、一つだけ学んだのは、死にはしないということですが、今でも——

Watson: You don't die.

ワトソン: 死にはしませんけどね。

Steinem: I still . . .

スタイネム: 今でも……

Watson: You don't die.

ワトソン: 死にはしません。

のスピーチを指す。

⓾ **be convinced that . . .**
……であると確信する

Steinem: . . . lose my ⓿❶saliva. Is that your, is that a ⓿❷symptom of ⓿❸nervousness for you?

スタイネム：……口がカラカラになります。あなたも、あなたも緊張するとそういう症状が出る？

Watson: Oh, do you get really ⓿❹dry-mouthed?

ワトソン：え、(あなたでも)本当に口が渇くんですか？

Steinem: Right. Each tooth gets a little ⓿❺angora sweater on it. I can't get . . .

スタイネム：ええ。1本1本の歯が小さなアンゴラのセーターを着ちゃうんです。できなくなって……

(laughter)

（笑い）

Watson: I just shake, and I'm just really ⓿❻embarrassed and ⓿❼conscious of the fact that I can see, that people can see me shaking. So, trying to ⓿❽keep my hands out of view is part of . . . And then I ⓿❾try and introduce them ❿later on, so that I don't look really ⓫stiff.

ワトソン：私はとにかく震えてしまって、震えているのを人に見られることがとても恥ずかしくて、意識してしまうんです。だから、(震えている)両手を見えないように隠したりして……。そうしてから、堅くなっていると思われないように、後になって出して見せるようにしています。

Steinem: Ha-ha.

スタイネム：ハハハ。

Watson: And then, um, and, also, just, my mind ⓬goes blank often if I'm very nervous, which is really ⓭frustrating, 'cause I ⓮will have prepared for something a lot, and

ワトソン：それから、それと、特に緊張すると、頭の中が真っ白になることもよくあります。これがすごく悔しいんです、だって何かを一生懸命準備してきたのに、頭が真っ白になってしまうんですから。ええ、本当に。

⓿❶ **saliva** 唾液 ★発音は[səláivə]。
⓿❷ **symptom** 症状
⓿❸ **nervousness** 緊張
⓿❹ **dry-mouthed** 口の中が乾いた
⓿❺ **angora sweater** アンゴラのセーター ★柔らかく毛羽立った質感が特徴。ここでは「まとわりつくように動きが悪くなる」ことの比喩に用いられている。
⓿❻ **embarrassed** 恥ずかしい、きまりが悪い
⓿❼ **conscious of ~** ～を意識して
⓿❽ **keep ~ out of view** ～を見えないようにしておく
⓿❾ **try and do** ～しようとする
❿ **later on** 後で
⓫ **stiff** 堅い、こわばった
⓬ **go blank** (頭の中が)真っ白になる、何も考えられなくなる
⓭ **frustrating** じれったい、悔しい
⓮ **will do** いつも～するものである、よく～することがある ★

then my mind will go blank. Um, yeah.

Steinem: But is that different for you, when you are s—being a different person?

スタイネム：でも、それは、ほかの人を演じているときは違うんでしょう？

Watson: It's interesting. It's been both the most ⑮liberating and ⑯terrifying thing, speaking ⑰authentically for myself as Emma. Um, but also terrifying — there's a freedom in speaking somebody else's words and pretending to be someone else. But also, you, kind of, it's not as ⑱meaningful. I mean, it's, it's a ⑲transcendent, ⑳amazing experience — I love what I do — but to speak from my own experience was really meaningful to me. Yeah.

ワトソン：それが面白いんです。純粋にエマである自分自身として話すことは、この上なく解放的であると同時に恐ろしいことでした。ただ、これもまた恐ろしいのですが——ほかの誰かのせりふを口にして、ほかの誰かであるように振る舞うことには自由があるのです。でも同時に、何というか、さほど意義はありません。いえ、ずば抜けて素晴らしい経験ですし、(俳優の)仕事は大好きですが、自分自身の経験から語ることは、私にとって本当に意義のあることでした。ええ。

Steinem: And I think it's so ㉑remarkable and ㉒admirable that you've ㉓taken a year off from, you know, admirable work, er, to do feminist activism, to do ㉔the United Nations campaign. It's really — how shall I say? — even though you're acting another role, I think people

スタイネム：あなたが、そのすてきなお仕事を1年間休んで、フェミニスト活動を、国連のキャンペーンをなさるのは、とても立派で称賛に値することだと思います。あれは本当に——どう言ったらいいかしら？——たとえあなたが別の役を演じていても、スクリーンを通じてみんな

習慣性や高い可能性を表す。
⑮**liberating** 解放する、解放感のある
⑯**terrifying** 恐ろしい、恐怖に駆られるような
⑰**authentically** 真に
⑱**meaningful** 意味のある、有意義な
⑲**transcendent** 超越的な、並外れた
⑳**amazing** 驚異的な、素晴らしい
㉑**remarkable** 注目に値する、目覚ましい
㉒**admirable** 称賛に値する、見事な
㉓**take ~ off** ～(期間)の休みを取る ★ワトソンは2016年の2月に、自己研鑽(けんさん)と国連の活動などに力を注ぐため俳優業を1年間休業すると発表した。
㉔**the United Nations campaign** 国連キャンペーン ★p. 124、Key Words参照。

come to know you ❶on-screen, right? And I think we trust you.

Watson: I hope so.

Steinem: And that is why . . .

Watson: I hope so.

Steinem: That, that is why it is so great and important that you are taking that trust and ❷putting it to work by ❸giving out activist information, by ❹doing lists of books for peop— you know, that's very ❺precious and ❻unusual. ❼Don't you think?

(applause)

があなたのことを知るようになるでしょう？そしてあなたを信頼すると思うんですよ。

ワトソン：そうだといいんですけど。

スタイネム：だからこそ……

ワトソン：だといいんですが。

スタイネム：だからこそ、その信頼をもって活動家の情報を広めるような形で運動に生かすことは非常に立派で大事なことです、みんなのために本のリストを作って——ね、それはとても尊く、類いまれな行動です。そう思いませんか？

（拍手）

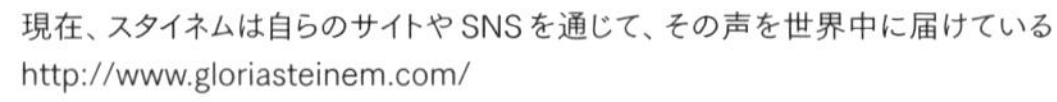
現在、スタイネムは自らのサイトやSNSを通じて、その声を世界中に届けている
http://www.gloriasteinem.com/

❶ **on-screen**　スクリーン上で、映画の中で

❷ **put ~ to work**　～を活用する

❸ **give out ~**　～を公表する、～を広く伝える

❹ **doing lists of books**　★ワトソンが2016年に立ち上げた、オンラインのフェミニスト読書クラブ Emma's Book Club — Our Shared Shelf）を指すと思われる。毎月、1冊の課題書籍を読んで、最終週にオンラインで感想をシェアした。スタイネムの著書*My Life on the Road*が課題書籍になっていたこともある。

❺ **precious**　貴重な、尊い

❻ **unusual**　非凡な、並外れた

❼ **Don't you think?**　★聴衆に話し掛けている。

❽ **equal**　平等な　★9行下のequalityは名詞で「平等」の意。

❾ **manage to do**　どうにか～する、～することに何とか成功する

“大きな質問”：
出産やキャリアアップを実現しながら
結婚の平等を得るにはどうすべき？——

Watson: You've spoken about the fact that marriage laws once meant that marriage wasn't ⓼equal for men and women, but that feminists and the feminist movement has ⓽managed to change marriage enough to mean that it is possible to have an equal marriage.

ワトソン：あなたはおっしゃったことがありますよね、結婚に関する法律はかつて、結婚において男女が平等でないことになっていた、けれどもフェミニストとフェミニスト運動が結婚（の定義）を変え、平等な結婚をすることが可能になるところまでこぎ着けたと。

And I'm interested in how do you have a marriage that ⓾is authentically, ⓫genuinely grounded in equality, ⓬mutual respect, for the idea of — if you do want to have a family, or you do want to have a career, or . . . and what do you see as being the, kind of, ⓭booby traps or, or the, kind of, the ⓮mines that might ⓯be involved in that for a feminist?

それで興味があるのですが、真に、純粋に、平等と相互の尊重に根差した結婚をするにはどうすればいいのでしょう、考え方として——子どもが欲しかったり、キャリアをきちんと積みたかったりしたら……また、フェミニストにとって、どんなものがこの問題に含まれる罠というか、地雷になり得ると思われますか？

Steinem: Well, it's a, a big question, and, you know . . .

スタイネム：ああ、それは大きな質問ですね……

⓾ **be grounded in ~**　～に根差す、～を土台としている
⓫ **genuinely**　純粋に、正真正銘
⓬ **mutual**　相互の、互いの
⓭ **booby trap**　仕掛け爆弾、わな
⓮ **mine**　地雷
⓯ **be involved in ~**　～に関わる、～に含まれる

Watson: Yeah.

ワトソン：ええ。

Steinem: . . . we all 01 get to answer it in our own lives. But it is important that the law is more equal now, at least in 02 our two countries. It's still very 03 unequal in many others. But if I had married when I 04 was supposed to get married, I would have lost my name, my 05 credit rating, my 06 legal domicile and most of my 07 civil rights. So, we have made that part equal, and we have 08 marriage equality. It's very important that everyone who chooses to marry is able to marry. At least, we almost have marriage equality. We're 09 on our way to marriage equality.

スタイネム：……私たちは皆、自分の人生でその答えにたどり着きます。ですが、法律が今では前よりも平等であるというのは大事なことです、少なくとも私たちの2つの国では。ほかの多くの国では、まだ非常に不平等です。でも、もし私が結婚適齢期とされる頃に結婚していたなら、私は自分の名前や信用格付けや自身の法定住所、そして市民権のほとんどを失っていたでしょう。つまり、私たちはその部分を平等にしましたし、結婚の平等（同性婚の合法化）も達成しました。結婚しようと思う誰もが結婚できるというのは、とても大事なことです。少なくとも、結婚の平等はほぼ達成されています。私たちは結婚の平等に向けて進んでいます。

But there is still the pressure of the outside world that it—when you leave your door of your 10 household means that you are treated differently. Women who, women with children are way less likely to get, to be employed. And men with children are way more likely to be employed, because they

ですが、外の世界にはまだプレッシャーが残っていて、自宅の玄関を一歩出ると違う扱いをされることになります。女性は、子どものいる女性は職を得る可能性がぐんと減ります。そして子どものいる男性は職を得る可能性がぐんと増えます。彼らは責任感があると見なされ、（子どものいる）女性の場合は仕事に集中

01 **get to do** ～する機会を得る、～するようになる

02 **our two countries** ★ワトソンの出身国のイギリスとスタイネムの出身国のアメリカを指す。

03 **unequal** 不平等な

04 **be supposed to do** ～すると想定される、～するはずである

05 **credit rating** 信用格付け ★個人の場合はcredit scoreとも呼ばれ、ローンの返済やクレジットカードの使用・返済の履歴などを基に、信用度を数値化する。

06 **legal domicile** 法定住所、定住所 ★学生寮などの一時的な居所でなく、住民として籍を置いている住所のことで、permanent domicileとも言う。domicile は「住所」という意味で、発音は[dάməsàil]。

07 **civil rights** 市民権、公民権

08 **marriage equality** 結婚の平等、（法的に認められた）同性結婚 ★2015年6月に、アメリカ連邦最高裁で、すべての州における同性結婚を合憲と認める判断が示された。

are ⓫perceived as responsible, and women are perceived as ⓬distracted, ha-ha. So, I think it's not going to equalise completely ⓭in isolation. And, and we need to help each other make changes.

できないと見なされるからです、ハハハ。ですから、個人個人が孤立していては完全な平等は得られないでしょう。だから、互いに助け合って変えていく必要があるのです。

You are far ahead of my country ⓮in terms of ⓯parental leave. You know, we have no such thing, really. And ⓰the Scandinavian countries are ahead of where you are. So, we can learn from each other. But I really, if, er, you choose to have children, I don't think it's possible to have a real equal marriage until men are raising children and are as ⓱loving and ⓲nurturing towards children as, as women are.

(applause)

育児休暇の点では、あなた方（イギリス）は私の国よりかなり進んでいます。つまり、私たちにはそういうものがまったくないのです、実際のところ。そして、スカンジナビア諸国はあなた方がいる所より進んでいます。ですから、お互いに学ぶことができます。ですが、私は本当に——つまり、もし子どもを持つ選択をするなら、真に平等な結婚ができるとは思えません、男性が育児をするようにならない限り、そして、女性と同じだけの愛情と慈しみを子どもに向けるのでない限り。

（拍手）

⓽on one's way to ~ 〜へ向かう途中で、〜に近づいて
⓾household 世帯、家庭
⓫perceive A as B AをBだと見なす
⓬distracted 注意散漫な、気を取られて集中できない
⓭in isolation 孤立して、単独で
⓮in terms of ~ 〜に関しては、〜の点で
⓯parental leave 育児休暇 ★parentalは「親の」、leaveは「（公式な）休暇」の意。アメリカは、先進国で唯一、育児休暇を保証する法律が整備されていない。
⓰the Scandinavian countries スカンジナビア諸国、北欧諸国 ★これらの国は性別にかかわらず取得できる育児休暇制度が整備され、男性の取得率も非常に高い。出産・育児にかかる費用や教育費が原則無料であるなど、子どもを産み育てることへの社会保障が手厚い。
⓱loving 愛情を抱いた、愛情深い
⓲nurturing 育むような

民主的な家庭を作ることが民主的な社会につながる

Steinem: And I'm, I'm not, I think we are not just saying that ❶for the sake of women or men — and men want to be close to their children — it's for the sake of the children. Because if they do not see that a male human being can be loving and nurturing and patient, they won't know that that's possible.

スタイネム：そして、それは、女性あるいは男性のためだけに言っているのではありません——男性も子どもとの距離を縮めたいと思っていますが——これは子どものためなのです。というのも、もし子どもたちが、人間の男性も愛情と慈しみと忍耐を持つ存在であり得るということを目にしなければ、それが可能だと知ることができないからです。

Watson: Mm.

ワトソン：ええ。

Steinem: And if they don't see women outside the home ❷being achieving and ❸daring, ❹and so on, they won't know that that's possible. I mean, we do what we see way more than, than what we're told. So, we're moving forward slowly, and I think that's probably the only way we can, because i—we're, what happened to us in our childhoods is also ❺normalized. And so we go as far forward as, as we can.

スタイネム：そして、女性が家の外で成功したり大胆に行動したりすることを目にしなければ、子どもたちはそれが可能だと知ることができません。つまり、私たちは、（やるように）言われたことをするよりも、自分が目にしたことをする方がずっと多いのです。ですから、私たちはゆっくりと前進していて、おそらくそれが唯一の可能な方法なのだと思います。というのも、私たちが子どもの頃に経験したことも、やはり正されていっているので。ですから私たちは、自分たちの進める限り前へ進むのです。

❶ **for the sake of ~**　～のために

❷ **being achieving . . .**　★achieving and being daringと言おうとしたと考える（achieveは動詞）、あるいは語順はそのままでachievingをhigh-achieving（優秀な、向上心のある）の意味で使われていると捉える、いずれかの解釈ができる。

❸ **daring**　大胆な、勇気のある、強気の

❹ **~ and so on**　～など

❺ **normalize**　正常化する、標準化する

❻ **ever**　★neverに重ねて否定を強調している。

❼ **eliminate**　排除する、撲滅する

❽ **violence-free**　暴力のない　★~-freeは「～のない」という意味の接尾辞。

❾ **bear witness to ~**　～の証人になる　★witnessは名詞で「目撃者、証人（による証言）」、140ページの上から10

But at another level, it's really, ha, it's also important because the family is, if we don't have democratic families, we're never gonna have a democratic society, ⓰ever. And if we don't ⓱eliminate violence in families, we're never gonna have a ⓲violence-free society outside, either. So, it's not just about equal relationships and families. It's deeper than that.

ただ、別の次元では、本当に、まあ、やはり大事なのは、家庭が、もし家庭が民主的でなかったら、決して民主的な社会は得られません、絶対に。そして家庭から暴力をなくさなければ、家の外でもやはり、暴力のない社会は決して得られません。ですから、平等な関係や家族というだけのことではないのです。もっと深い話なのです。

Watson: Yeah.

ワトソン：そうですね。

ほかの人の痛みや喪失や苦しみを見届けることの重要性

Watson: You talk about the importance of ⓳bearing witness to somebody else's pain or loss, or ❿suffering, and I ⓫was really moved by that as well. I remember, when I was younger, ⓬feeling very panicked when someone was emotional, suffering, ⓭having a really hard time, because I thought that my role was to find a way to ⓮fix it as quickly as

ワトソン：あなたは、ほかの人の痛みや喪失や苦しみを見届けることの重要性について述べていますが、私はこれにもとても感動しました。思い返すに、もっと若い頃の私は、誰かが苦しんだりとてもつらい思いをしたりして感情的になっていると、すっかりパニックに陥っていました。というのも、こう思っていたのです、自分の役割は、できるだけ早くその状況を正す方法を探したり、できるだけ早くその人たちが泣き

行目の witness は動詞で「目撃する、目の当たりにする」の意。

❿ **suffering** 苦痛、苦しみ

⓫ **be moved by ~** ～に心を動かされる、～に感動する

⓬ **feel panicked** パニックに陥る

⓭ **have a hard time** 困難な状況である、つらい経験をしている

⓮ **fix** 直す、修正する

possible, or to try to get them to stop crying as quickly as possib—what could I ❶possibly, what can I do to help? And this would give me the, sort of, ❷panicky feeling, because often I ha—didn't have answers.

And then, one day, when I ❸came to the realization that ❹oftentimes the kindest and most meaningful and important thing that I could do would just be to witness someone else in that moment. Not even necessarily touching them, ❺hugging them, giving them ❻tissues, going getting them water, doing all of these things I used to, like, ❼flap around doing, and actually just to sit and be comfortable with listening to someone else in these difficult moments.

Courtesy of Gloria Steinem and Emma Watson

やむようにしてあげたりすることだと——そのためにいったい何ができそうなのか、何をしてあげられるのかと。そのせいでパニックに陥った気持ちになっていました、答えが見つからないことが多かったので。

ですがある日、気付いたのです、多くの場合、自分にできるいちばん親切で意味のある大事なことは、その瞬間の相手をただ見届けることなのだろうと。触れたり、抱き締めたり、ティッシュを差し出したり、水を取りに行ってあげたりといった、以前の私があたふたとしてやっていた、こうしたことすべてを必ずしもせずに、文字どおりじっと座って、そうした大変な時を過ごしている人の話を落ち着いて聞いてあげればいいのだと。

(訳：挙市玲子)

❶ **possibly** どうにかして、一体全体
❷ **panicky** パニック状態の
❸ **come to the realization that . . .** ……であることを認識するようになる、……だと悟る
❹ **oftentimes** しばしば ★ = often。
❺ **hug** 抱き締める
❻ **tissue** ティッシュペーパー
❼ **flap around** パタパタと動き回る、慌てふためく

Follow-Up-Column

――― フェミニズム運動の新しい波 ―――

スタイネムもSNSを大活用
サイバー・フェミニズムで強まる連帯

パーソン珠美（通訳・ライター）

時代により趣旨を変えつつ今に至るフェミニズム運動は、女性が高等教育を受けるのも難しかった19世紀、参政権を求める女性たちの活動が広がった際に生まれた。当時と比べれば、現在では先進国における女性の社会進出は飛躍的に進んでいる。

しかし、2023年現在、アメリカでは13もの州でほとんどの中絶が禁止されており、日本でも、根強い雇用格差や女性の貧困問題など、女性が抱える問題はいまだ多く、フェミニズム運動が過去のものと言えるようになるにはまだ時間がかかりそうだ。

IT技術が普及した昨今は、フェミニズム運動のかたちは大きな変化を見せており、「サイバー・フェミニズム」などと呼ばれる、ネットやSNSを利用した活動が大きな波となっている。

1960年代の終わりに活動を始め、本対談で自身を「feminist organizer on the road」（旅するフェミニスト・オーガナイザー）と呼んだスタイネムも今はTwitterやFacebookなど複数のSNSアカウントを持ち、その声はいながらにして世界中の人に届く。

本対談が行われた翌年の2017年、大物映画プロデューサーによる女優たちへの悪質な性暴力が明るみに出たのを受け、自身が受けた被害体験を女性たちがSNS上で告発した「#MeToo」ムーブメントがまたたく間に世界中に及んだのは記憶に新しい。

セレブリティが多数声を上げたことで大きな話題となった#MeTooムーブメントもサイバー・フェミニズムにあたる。これにより、現代においては、誰でも、どこにいても、フェミニズム運動の情報に触れたり、活動に参加したりするのが容易なのだということが認知されたといえよう。

ぐっと身近になったフェミニズム運動。いつも利用しているSNSであなたの世界も広がるかも知れない。

ニッポンを語る

ノーベル賞受賞
経済学者が考える
労働に関する諸問題

ポール・クルーグマン

Paul Krugman 経済学者、2008年ノーベル経済学賞受賞

Profile

1953年、アメリカ、ニューヨーク州生まれ。
'74年、イエール大学を卒業。
'77年、マサチューセッツ工科大学で博士課程を修了。
以来、イエール大学、マサチューセッツ工科大学、スタンフォード大学、プリンストン大学で教壇に立つ。
1982～83年にはレーガン政権下でアメリカ大統領経済諮問委員会の上級エコノミストを務める。
2005年、ロンドン・スクール・オブ・エコノミクス100周年記念講座教授に就任。
'08年にノーベル経済学賞受賞。
'15年、ニューヨーク市立大学大学院センター教授に就任。
'00年より『ニューヨークタイムズ』のコラムを担当している。

インタビューの背景

アメリカの経済学者ポール・クルーグマン教授は、国際貿易と経済活動における立地の分析で、新理論を発展させた功績により、2008年にノーベル経済学賞を受賞した。

かつてアメリカのレーガン政権下で大統領経済諮問委員会の上級エコノミストを務めた経歴を持つクルーグマン教授は、専門の国際経済学以外の分野でも、積極的に発言をしている。

このインタビューでは、外国人労働者の受け入れ拡大が日本の経済・社会に与える影響や、AIの発展は大規模失業につながるのか、そしてユニバーサル・ベーシック・インカムの実現は可能かなど、労働関連の話題を中心に、教授と親交の深い国際ジャーナリストの大野和基氏が話を聞いた。

Interview Data

取材日：2018年12月8日
取材地：アメリカ、ニューヨーク州
取材：大野和基

You have a working-age population
that's shrinking more than 1 percent a year,
are you prepared to accept immigrants at the rate of
1 percent of working-age population a year?
That's a lot of people.

現在、毎年1％を超える割合で労働人口が縮小していますが、
毎年1％の割合で労働人口が増えるような数の移民を受け入れる用意はありますか?
それはものすごい人数です。

Photo: 大野和基

インタビューを聞く前に

Listening Points

形式 1対1のインタビュー

速さ 標準だがときどき速くなる

語彙・表現 難しい。社会学や経済学の用語が出てくるので、Key Wordsのほか、あらかじめ注釈に目を通しておくのもよいだろう。

話し方 速く話しているところもあれば、言葉を探しながら話しているところもある。言いよどみも多いので、論理的な話の流れを意識して聞いていこう。

Key Words

外国人労働者受け入れ拡大／2018年12月、人手不足解消のため、外国人労働者の受け入れを拡大する出入国管理法（入管法）改正案が国会で可決、成立した。特定技能と日本語能力があることを認定要件として、外国人に新たな就労資格を与えるもの。

ユニバーサル・ベーシック・インカム／universal basic income: 就労や資産の有無にかかわらず、個人が最低限の生活を送るために必要な所得を国民全員に無条件に給付するという社会政策の構想。

タイラー・コーエン／Tyler Cowen: 1962年生まれのアメリカの経済学者、研究者、ライター。著者の『大格差：機械の知能は仕事と所得をどう変えるか』（2014）では、技術革新がテクノロジー失業を招く可能性を検証した。

聞きどころ

世界的な経済学者が労働問題について語っているので、語彙も内容も難しいと思う人が多いでしょう。しかし今も日本が直面している問題なので、モチベーションを持って聞けるのではないでしょうか。2018年のインタビューですが、クルーグマンのこの問題に関する意見は変わっていないとのことです。まず「**外国人労働者受け入れ拡大**」の内容を確認し、クルーグマンが提示する**労働問題に関して日本が直面していること**は何かを把握しましょう。かなりの数の**移民を受け入れる覚悟**があるのか、アメリカの例も引き合いに出して日本人に厳しく問いかけており、聞きごたえがあります。その後、**ユニバーサル・ベーシック・インカム**の導入には反対意見、**AIによる大量失業**については否定的なコメントを述べて話を結びます。

法的に受け入れを拡大しても、人種と文化の根深い問題が障害となっている

Interviewer: Japan has a rapidly [01]shrinking and [02]aging [03]workforce, and so [04]Parliament has just passed a law that it hopes will help to attract [05]354,000 foreign workers over the next five years. What do you think about that?

インタビュアー：日本の労働人口は急速に縮小し、高齢化が進んでいるため、国会は、今後5年間で35万4000人の外国人労働者を引き付ける一助となることが期待される法案（出入国管理法改正案）を可決しました。それについてどう思われますか？

Paul Krugman: Yeah, Japan is, um, [I] mean, this is the, it's the problem that we all have. Um, we all have economic systems that [06]rely upon [07]working-age people to support [08]retired people, and we have, uh, large social programs — actually, Japan's a bit smaller — but still, uh, [09]extensive social programs. We also all have sharp [10]declines in [11]fertility, which creates a problem. And one way to deal with that is to have more [12]immigrants, which then the problem is, is one of basically cultural. Are you prepared to accept [13]substantial immigration? And

ポール・クルーグマン：そうですね、日本は、つまり、これはどの国も抱えている問題です。どの国も、現役世代が退職した人々を支えることを前提とした経済体制になっていて、そしてどの国にも、大規模な社会制度、実際には日本のものは少し規模が小さいのですが、それでも、広範な社会制度があります。出生率の急激な落ち込みも問題を生み出しています。そして、これらの対処法の一つに、移民を増やすということがあり、その場合の問題は、基本的に文化的なものになります。あなたがたには、相当数の移民を受け入れる覚悟はありますか？　5年前であれば、私はこのように言ったでしょう。アメリカの大きな強みは、われわれが移民に対して寛容であるということだが、日本はそうではない、と。そうですね、多くのことについて言え

- [01] **shrinking**　縮小する、先細りの
- [02] **aging**　高齢化の進む
- [03] **workforce**　（国の）労働人口
- [04] **Parliament**　国会
- [05] **354,000 foreign workers**　★日本政府が詳細を定めた基本方針では、介護など14業種で、最大34万5150人の外国人労働者を「上限として運用する」としている（p. 144、Key Words参照）。
- [06] **rely upon ~**　～を頼りにする
- [07] **working-age**　労働年齢の
- [08] **retired**　引退した、退職した
- [09] **extensive**　広域の
- [10] **decline**　減少、落ち込み
- [11] **fertility**　繁殖力　★ここではfertility rate（出生率）を指している。
- [12] **immigrant**　移民、移住者　★3行下のimmigrationは「移住、移入」の意。
- [13] **substantial**　相当な

five years ago, I would have said, y'know, the great advantage of the United States is that ❶we're tolerant towards immigrants and Japan is not. I'm not sure that we, you know, uh, as, as in so many things, it's turned out that we are not quite who we thought we were, or we're not who we, who I thought we were.

るのですが、ふたを開けてみれば、私たちが思っていた私たちとは少々違っていた、あるいは、私が思っていた私たちとは違っていた、ということです。

But Japan, of course, Japan has, has never been a country that said that whatever your ❷ethnic, ❸racial origins, if you were born in Japan, you're Japanese. It's, uh, it's always been a, um, actually both a racial and a cultural thing. If you were, uh, you have to be both racially Japanese and really not have ❹been exposed too much to foreign cultures. And that's, that's a, been a real ❺handicap. You know, the, these things are, um, maybe kind of ❻universal in ❼human nature, but Japan has been an ❽extreme case. Maybe economic necessity will help make Japan ❾willing to at least accept some more immigrants.

ですが、日本は、もちろん日本に関しては、民族的、人種的なルーツがなんであれ、日本で生まれさえすれば、あなたは日本人だというような国であったことは一度もありません。かねてから、実際には、人種と文化の両方の問題です。人種的に日本人であるだけではなく、外国の文化にあまりさらされていてもいけないというような。そして、それは実際に障害となっています。こうしたことは、ひょっとすると、ある意味、人間の性質として普遍的なものなのかもしれませんが、日本は中でも極端な例です。経済的な必要性が、少なくとももう少しだけ、日本が移民を受け入れることを促すきっかけとなるかもしれません。

❶ **be tolerant towards ~** ～に寛容である
❷ **ethnic** 民族の
❸ **racial** 人種の、民族の ★5行下のraciallyは副詞で「人種的に」の意。
❹ **be exposed to ~** ～にさらされる、～に触れる
❺ **handicap** 障害、不利な条件
❻ **universal** 世界中の、普遍的な、万人の
❼ **human nature** 人間性、人間の本質
❽ **extreme** 極端な、いき過ぎた
❾ **(be) willing to do** 喜んで～する
❿ **panacea** 万能薬、(あらゆる問題の)解決策 ★発音は[pæ̀nəsíːə]。
⓫ **fiscal** 財政上の、国庫の
⓬ **outlook** 見通し
⓭ **bring in ~** ～を参加させる、～を取り込む、～を呼ぶ
⓮ **pay into ~** ～(の掛け金)を払い込む

日本経済を押し上げるには大量の移民が必要だが、それを受け入れる用意はあるのか？

Interviewer: Will taking immigrants be a ⑩panacea for economic growth in Japan?

インタビュアー： 移民（外国人労働者）受け入れは、日本の経済成長の万能薬となりますか？

Krugman: Well, it's, it helps economic growth a little bit, but it w—it really, really helps the ⑪fiscal ⑫outlook. If you have an aging population, then if you can ⑬bring in young working-age immigrants who ⑭pay into the system, and it ⑮depends on the, what their ⑯rights are, but even if they have the right to full ⑰benefits, they won't be collecting those for 30 years, right? So, you're giving yourself a, uh, it, it's, it's a huge fiscal ⑱plus. ⑲In terms of supporting the, the tax and transfer system, bringing in young immigrant workers is, is ideal.

クルーグマン： まあ、少しは経済成長を促すでしょうが、財政的な展望を本当に、本当に好転させるでしょうね。高齢化する人口を抱えている場合、（社会）制度に寄与する若い労働者世代の移民を受け入れられるなら、そして、彼らにどのような権利が与えられるかにもよりますが、完全な社会保障を受ける権利があるにしても、彼らがそれを回収するのは30年後の話ですよね？　ですから、財政的に大きな利益になります。租税と（所得）移転の制度を下支えするという意味では、若い移民労働者を取り込むのは理想的です。

I mean, uh, to move Japan's economic growth up to kinds of levels that people would like to see

何しろ、人々が望むような水準まで日本の経済成長を押し上げるためには、大量の移民が必要となりますからね。現在、毎年1％を超える

⑮ **depend on ~**　～によって決まる、～次第である
⑯ **right**　権利
⑰ **benefit**　利益、メリット　★通例、benefitsで「給付金、手当」。
⑱ **plus**　利益、利得
⑲ **in terms of ~**　～の観点から言うと

would require a huge amount of immigration. You have a, a working-age population that's shrinking more than 1 percent a year, are you prepared to accept immigrants at the rate of 1 percent of working-age population a year? That's a lot of people.

割合で労働人口が縮小していますが、毎年1%の割合で労働人口が増えるような数の移民を受け入れる用意はありますか？　それはものすごい人数です。

And, uh, I ❶suspect that, I'm not even sure that, uh, that the United States would be willing to see that level of immigration. Certainly not now, but even before ❷Trump, I wouldn't have thought that, so that's hard to believe. But it helps. It's a, it's a ❸significant, there's nothing, uh, immigration does . . . Um, uh, you look at, at ❹sensitivity analysis, I've, I haven't seen it for Japan, but for the U.S., ❺assumptions about the rate of immigration are a big ❻factor in, in your ❼assessment of the long-term ❽solvency of the U.S. government. So, more, more immigration is, is very much a good thing there.

そして、おそらく、アメリカでさえ、その水準の移民を見たいと思っているわけではないと思いますよ。そして、当然今は論外ですが、トランプ政権以前でも、そんなことは思いもよらないことでしたから、そのようなことは考えられません。でも役には立ちます。それは重要な、何も、移民は……感度分析を見ると、私は日本で行われたものは見ていませんが、アメリカでは、移民の割合に関する仮定は、アメリカ政府の長期的支払い能力の査定において大きな要因です。ですから、その点については、移民が増えるのは大変良いことです。

❶ **suspect that . . .**　……ではないかと疑う、……だろうと思う
❷ **(Donald) Trump**　（ドナルド・）トランプ　★（1946- ）。第45代米国大統領（在任2017-'21）。
❸ **significant**　重要な、著しい
❹ **sensitivity analysis**　感度分析　★経済的事象において、計画や予想を立てる際に、ある数値が現状、または予測値から変動したとき、結果がどれだけ変化するかを見るもの。
❺ **assumption**　仮定、前提、想定
❻ **factor**　要因、因子
❼ **assessment**　評価、査定
❽ **solvency**　（債務の）支払い能力
❾ **presence**　存在、いること
❿ **vary**　変わる、ばらつきがある
⓫ **voter**　投票者
⓬ **troubling**　厄介な、面倒な

移民が実際にはいない
地域の住民ほど移民を恐れる

41

Krugman: People get upset at the ⓽presence of people who are culturally different, maybe look different. It ⓾varies a lot between countries and places. And, um, there's a substantial group of ⑪voters everywhere who find the idea of more immigration, particularly more immigration from poorer countries, which is where this is gonna come from, ⑫troubling. It's, uh, um, not clear how much of that ⑬is rooted in, in real concerns and how much is just ⑭prejudice. A lot of it is just prejudice. Uh, but it's, it's a factor.

クルーグマン：人というのは、文化的に違ったり、あるいは見た目も違ったりする人の存在に動揺するものです。それは国や場所によって、大きく変わります。そして、どこであろうが、相当数の有権者が、より多くの移民を受け入れることを厄介だと考えます。特に貧しい国からの移民です。そういう国から来るわけですから。そのうちどれほどのことが実際の懸念事項に根差しているのか、どれほどが単なる偏見なのかは明確ではありません。その多くは、単なる偏見です。それでも、要因ではあります。

日本ではベトナム人の労働者が増えている。写真は新潟のニット工場で働く技術実習生（2019年2月） Photo: ロイター／アフロ

⑬ **be rooted in ~** ～に根差している

⑭ **prejudice** 先入観、偏見、嫌悪感

In the U.S., it's, well, there's a funny thing, which is that, uh, [01]hostility to, to immigration is, it varies a lot, um, [02]geographically. There's, uh, huge hostility to immigration in [03]rural areas and, uh, and very little in here, [04]where we're sitting. Um, and what's really funny is that the places that really hate and fear immigrants are places that don't actually have any immigrants. So, people in rural areas who've never really seen, uh, someone from Central America think that there's a huge threat. And people in, in the middle of New York City, where a third of the population is immigrants, uh, [05]by and large think immigration is OK. But that's an interesting thing.

アメリカでは、面白いことに、移民への敵対心は地域によってかなり違いがあります。田舎の地域では、移民への敵対心がとても大きくて、ここ、今私たちが座っている場所(ニューヨーク)ではとても小さい。そして、本当に面白いことに、移民を嫌い、恐れている地域には実際には移民は全然いないのです。ですから、中米出身の人を本当は見たこともないような田舎の地域にいる人が、大きな脅威があると思っているのです。そして人口の3分の1が移民から成るニューヨーク市の真ん中では、概して、移民は問題ないと思っている。でも、それは興味深いことです。

It's, it's a, and I think Japan in some ways may [06]exemplify that. Because Japan is a place that has never had significant numbers of immigrants, so people think of it, you know, as gr—with great fear. If you have a lot of immigrants around, they start to seem not like strange foreigners, but just like people, and

そして、ある意味、日本はその典型例となるかもしれないと考えています。なぜなら、日本というのは大量の移民が入ってきたことのない場所ですから、人々はそれを大いなる脅威と捉えています。多くの移民が周りにいるようになると、彼らを変わった外国人ではなく、普通の人々だと思えるようになり、慣れてくるものです。ですが、国粋主義的な右派が、西側諸国全般で台頭してきています。それはつまり、白人

- 01 **hostility** 敵意、敵対心
- 02 **geographically** 地理的に
- 03 **rural** 田舎の、地方の
- 04 **where we're sitting** ★このインタビューはアメリカ、ニューヨーク州ニューヨーク市マンハッタンで行われた。
- 05 **by and large** 全般的に、概して
- 06 **exemplify** ～のよい例となる
- 07 **get comfortable with ～** ～を快く受け入れる
- 08 **nationalist** 民族主義者、国粋主義者
- 09 **right** 右派
- 10 **be on the rise** 増加中である、増えている
- 11 **the West** 欧米、(共産圏に対して)西側諸国
- 12 **domestic** 国内の、自国の
- 13 **unemployable** 雇用に適さない、雇用できない
- 14 **AI** 人工知能(=artificial intelligence)
- 15 **exaggerated** 誇張された、大げさな

you get, you, you ⑦get comfortable with it. But it's a, the ⑧nationalist ⑨right, ⑩is on the rise throughout ⑪the West. And, uh, and, (that is) to say the white nationalist right. And, of course, Japan, it wouldn't be white, but still the, the, uh, the, you know, ⑫domestic ethnic right is a problem everywhere.

の国粋主義的右派のことです。そして、もちろん、日本に関しては白人ではありませんが、それでも、自国の民族的右派は至る所で問題になっています。

ユニバーサル・ベーシック・インカムについては コストがあまりに巨額で 今はとても賛同できない

Interviewer: Some people say that the government should provide a basic income to people who become ⑬unemployable or lose their jobs due to ⑭AI. What do you think of that idea?

インタビュアー： AIによって、雇用に適さなくなる、もしくは職を失ってしまうことになる人に対して、政府がベーシック・インカムを提供するべきだと言う人もいます。そのアイデアについて、どうお考えですか？

Krugman: Yeah, so the AI thing, I think, is ⑮exaggerated, but there are always people whose, um, ⑯livelihood is, ⑰is eliminated by change — technological, market. And, uh, becoming unemployable, that's a long, ⑱we're a long way

クルーグマン： ええ、AIの件は誇張されていると思いますが、技術的なものや市場の変化によって生計が奪われてしまう人は常にいるものです。そして、雇用に適さなくなるということに関しては、ずいぶん先の、まだまだ先のことです。大規模な技術的失業はまだ起こっていません。ですが、私はアメリカにおけるユニバー

⑯ **livelihood** 生計、暮らし、生活
⑰ **be eliminated by ~** ～によって排除される
⑱ **be a long way from ~** ～までの道のりは長い

from that — the, um, ❶mass ❷technological unemployment is not yet a ❸thing. But the, uh, so I have ❹looked at the ❺universal basic income ❻proposals for the U.S., and the trouble with them is that, if you really want to do that and provide an ❼adequate income for everybody to ❽live on, that, that everyone can live on, it's very expensive. It's a huge amount of money.

サル・ベーシック・インカムの提言を調べたことがあって、それらの問題点としては、もし本当に実現させたいなら、誰もが生活するのに十分な収入を提供したいならば、それは誰もが生きていけるような収入ですが、非常に高額になります。巨額のお金がかかるのです。

❾Whereas a system of ❿means-tested, ⓫situation-tested benefits can provide an adequate living for people who really need it and costs a lot less money. And it's ⓬problematic. If you means-test your benefits, then you're ⓭effectively, ⓮imposing a high tax rate on people. If they start to ⓯earn income, their benefits are cut, and so it, it reduces the ⓰incentive to seek work. It's not clear how big of an, problem that is. And for now, at least, I, I just can't ⓱go with it. It, it's just, uh, too much money. If really mass ⓲displacement of work by computers happens, then, sure, uh,

それに対して、資力調査、状況調査を受けた給付金は、本当にそれを必要としている人に適した生活を提供でき、また、費用をずいぶん抑えられます。そして、それには問題点もあります。つまり、給付金の資力調査を行えば、事実上、人々に高い税率を課すことになりますからね。その人々が収入を得るようになれば、給付金も打ち切られますし、だから、職を探そうとする意欲を減退させます。それがどれほど大きな問題かは明確ではありません。現時点では、少なくとも、私はそれ(ユニバーサル・ベーシック・インカム)に賛同できません。あまりにも巨額です。もしも、本当にコンピューターによる大規模な解雇が起これば、そのときに再考すればいいのです。でも現状では、雇用創出に問題はありません。まだ起こっていませんからね。

❶ **mass** 大量の、大規模な
❷ **technological unemployment** 技術的失業、テクノロジー失業 ★技術の進歩によって起こる、雇用の喪失。
❸ **thing** はやっているもの
❹ **look at ~** ~を調べる
❺ **universal basic income** ユニバーサル・ベーシック・インカム、最低所得保障 ★p. 144、Key Words参照。
❻ **proposal** 提案書、提言
❼ **adequate** 適正な、十分な
❽ **live on ~** ~で暮らしを立てる
❾ **whereas** ~であるのに対して、~である一方で
❿ **means-tested** (公的扶助査定のための)資力調査を受けた、家計調査を受けた ★5行下のmeans-testは動詞で「~の資産を調査する」の意。
⓫ **situation-tested** 状況調査を受けた ★means-testedほど一般的な言い方ではない。
⓬ **problematic** 問題のある
⓭ **effectively** 事実上、実質的に

then we, or then we can ⓳reconsider it. If we look at our, um, we're not having a problem of job creation. Uh, it's, it—not happening yet.

そして、最も急激に雇用が伸びている分野を見ると、それはヘルスケアと個人的サービスで、それらは今のところ、AIに簡単に取って代わられる職ではありません。ですから、もし誰かがこう聞いたとします。もしロボットが工場を動かすなら、人間はどこで働けばいいんだ？とにかく現時点では、工場で働いている人などほとんどいません。ですから、本当に大きな成長を遂げている職といえば、実際、急成長を遂げている仕事の多くの業種は、何らかの形の看護の仕事です。そして、まだロボットの看護師は存在しません。さて、日本は現在、テレプレゼンスといったようなことを少し試みていますが、それが多大な影響となるのはずいぶん先のことです。

And the, if you look at the areas of most rapid employment growth, they are ⓴health care and ㉑personal services, which ㉒are, so far, not amenable to replacement by AI. If people say, well, what with, if robots are ㉓running the factories, where will people work? Well, hardly anybody works in factories anyway, at this point. So, mostly, and we're all the, the really big job growth stuff are, really a, a lot of the categories of rapid job growth turn out to be some form of ㉔nursing. So, that's a, and that's, and we don't have robot nurses yet. Now, Japan's experiencing, uh, ㉕experimented a little bit with ㉖telepresence and that sort of thing, but it's, but it's a long way from becoming a, a major ㉗impact.

⓮ impose A on B　BにAを課す
⓯ earn　～を稼ぐ、（働いた報酬として）～を得る
⓰ incentive　インセンティブ、（行動を）駆り立てるもの、やる気を起こさせるもの
⓱ go with ~　～に同調する、～に賛成する
⓲ displacement　解雇
⓳ reconsider　～を再考する
⓴ health care　ヘルスケア、保健医療
㉑ personal service　個人的サービス
㉒ be amenable to ~　～の影響を受けやすい、～に敏感に反応する
㉓ run　～を運営する
㉔ nursing　看護の仕事
㉕ experiment with ~　～を試みる
㉖ telepresence　テレプレゼンス　★遠隔操作で、あたかもその場に存在しているような効果を作り出す技術の総称。
㉗ impact　影響、反響

「AIによって格差が生み出される」という説は疑問。これから仕事が増えるのはヘルスケアや直接サービスを届ける分野なのでは？

Interviewer: Do you think ⓪❶Tyler Cowen is correct to suggest that AI would ⓪❷lead to a gap between highly paid engineers who develop AI and low-paid workers whose labor will be replaced by AI and robots?

インタビュアー：タイラー・コーエン氏は、AIはいずれ、AIを開発する高給の技術者と、AIやロボットに取って代わられる低賃金労働者との格差につながると主張していますが、それは正しいと思われますか？

Krugman: Well, that's his ⓪❸story. And I, you can write down that model. But it doesn't seem to ⓪❹be consistent with what we're seeing so far. Uh, there's, uh, there's some of, there, there's some growth in ⓪❺disparities, but it's not clear how much of it ⓪❻is due to technology. And, um, the, uh, actually, the engineers aren't doing so well either at the moment. If you ask where the jobs really seem to be, they seem to be, again, a lot, a lot in, in health care, a lot in ⓪❼face-to-face delivery of personal services. Those are ⓪❽not necessarily jobs for people with high levels of, of formal education and ⓪❾intellectual, uh,

クルーグマン：まあ、それは彼の言い分です。そのモデルを書き留めるのもいいでしょう。ですが、それはここまで目にしているものと一致していないようです。少しは格差の拡大が見られるものの、それがどの程度テクノロジーによるものかは明確ではありません。そして、実を言うと、技術者も現時点ではそれほどうまくいっているわけではないのです。それに、そうですね、本当に仕事がありそうなのは、繰り返すと、ヘルスケアに多くあり、個人的サービスを直接届けるところに多くあります。それらは必ずしも、高度な学校教育や知的業績を持った人向け

⓪❶ **Tyler Cowen** タイラー・コーエン ★（1962- ）。アメリカの経済学者、研究者、ライター。p. 144、Key Words参照。
⓪❷ **lead to ~** ～につながる
⓪❸ **story** 言い分、申し立て
⓪❹ **be consistent with ~** ～と一貫している、～と一致する
⓪❺ **disparity** 格差、不均衡
⓪❻ **be due to ~** ～に起因している
⓪❼ **face-to-face** 対面の、直接の
⓪❽ **not necessarily** 必ずしも～でない
⓪❾ **intellectual** 知的な
❶⓪ **achievement** 成果、業績、功績
❶❶ **common sense** 常識
❶❷ **stylized** 定型化された、様式化された、型にはめられた

❿achievement. There may be more people who have ⓫common sense, uh, and people who can, who can work with their hands. So, it's, it's a funny . . . The reality is not looking very much like that, ⓬stylized vision of the future.

Interviewed by Kazumoto Ohno

の仕事とは限りません。常識を持ち合わせている人や手作業ができる人たちの方が多いかもしれません。ですから、面白いもので、現実は、一般に思い込まれている未来像とはあまり似通っていないようです。

（訳：春日聡子）

Follow-Up-Column

―――― クルーグマンのその後の日本への提言 ――――

「悪いインフレ」を「いいインフレ」に変える方法はただ一つ

大野和基（ジャーナリスト）

私がこのインタビューを行った2018年12月と現在（2023年3月）では、地球規模で大きく状況が変わった。2020年初頭から新型コロナウイルスが世界中で猛威を振るい、飛行機は飛ばなくなり、経済は停止し、世界的にリセッションに陥った。クルーグマンの言葉で言えば“medically induced coma”、直訳すると、「医学的に引き起こされた昏睡状態」であるが、「人工的に引き起こされた昏睡状態」と言った方がいいかもしれない。交通事故や手術の失敗など特殊な状況でない限り、昏睡状態に陥らないからだ。

私は普通なら毎年4、5カ月は海外取材に行くが、2020年3月から2022年7月まで日本を一歩も出なかった。取材はすべてZOOMで行った。そして、2022年2月24日、ロシアがウクライナ侵攻を開始した。これが及ぼした最も身近な影響は、エネルギー価格の上昇と、そこから波及する物価上昇である。

長いデフレを経験していた日本でもインフレが生じた。賃金上昇から生じる好循環の一環としてのインフレではない。戦争が引き起こしたエネルギー価格上昇によるインフレである。

クルーグマンは日本について、今こそインフレ率に見合った賃金上昇をするべきときだと言ったが、日本企業は内部留保を増やすばかりで、なかなか重い腰を上げなかった。最近ようやく腰を上げかけているが、まだまだ満足すべきレベルに達していない。日本人のデフレマインドが頗る根強いことは、前からずっと指摘していたが、日銀は金融緩和政策を執拗に続けた。クルーグマンは今の日本のインフレを「悪いインフレ」と呼んでいるが、それを「いいインフレ」に変えるには企業が賃金を上げるしかないと言う。日銀も、戦争という予想もしなかった危機で生じたインフレを奇貨として、日本に好循環が起こることを期待しているのだろう、とクルーグマンは言う。もちろん、このインタビューで氏が主張している移民受け入れやユニバーサル・ベーシック・インカムに関する見方は今でも変わっていない。

ニッポンを語る

京都とイギリスが見事に調和した手作りの暮らし

ベニシア・スタンリー・スミス

Venetia Stanley-Smith ハーブ研究家

インタビューの背景

イギリス貴族社会を飛び出してバックパックの旅を続け、インドを経由して日本にたどり着いたベニシア・スタンリー・スミス。1996年に京都・大原に移住し、夫の梶山正とともに改修した古民家で植物に寄り添う里山暮らしを始めたことをきっかけに、さまざまなメディアに取り上げられるようになった。2007年には古民家暮らしをつづった『ベニシアのハーブ便り』を出版。2009年にはさまざまな暮らしや人々との交流、風土を描いたNHKの番組『猫のしっぽ、カエルの手』も始まり、“ベニシアさん”の名前はさらに広く知られることとなった。

このインタビューは、NHKでの番組放映が開始されてまもなく、彼女と長年親交を結んでいるやはり京都在住のアメリカ人ジャーナリストによって行われた。ベストセラーとなった著書が出版された経緯に始まり、彼女の人生観に話は及んでいく。

Interview Data

収録日：2009年9月2日
収録地：京都
取材：キャシー・アーリン・ソコル

Profile

1950年、イギリスの貴族の家に生まれる。19歳の頃、自分らしい生き方を求めてインドへ。'71年に来日。'96年には、京都・大原にある築100年の古民家に出会い、修理しながら住み始める。京都市中で英会話学校を経営するかたわら、庭で育てたおよそ数百種類のハーブを活用して、手作り生活を実践してきた。2009年に始まったNHKのテレビ番組『猫のしっぽ カエルの手～京都大原 ベニシアの手づくり暮らし～』は大きな反響を呼び、繰り返し再放送されている。著書に『ベニシアのハーブ便り』『ベニシアの京都里山暮らし』ほか。

Photo: 梶山 正

『ベニシアのハーブ便り――京都・大原の古民家暮らし（Venetia's Ohara Herb Diary）』（2007 世界文化社）

イギリス出身の著者が、自分の人生の物語を織り込みながら、ハーブ作りの経験を中心に古民家暮らしをつづっているロングセラー。「この本を読んでたった一人でも、地球環境について考えて、前向きに生きようと思ってくれれば」という思いが込められている。

... the most important thing is to have a serenity to experience tranquility and peace.

最も大切なのは、安らぎを得ることだと感じるんです、穏やかさ、そして平和を味わうための。

インタビューを聞く前に

Listening Points

形式 1対1のインタビュー

速さ ゆっくり

語彙・表現 易しい語彙・表現で話している。基本語をうまく使って状況を説明したり、自分の考えを述べていたりする点は、英語を話す際の見本となる。

話し方 全体的にゆったりと話しており、さらに説明が丁寧なので、非常にわかりやすい。

Key Words

『ベニシアのハーブ便り』／*Venetia's Ohara Herb Diary*: 2007年に出版されロングセラーとなったベニシア・スタンリー・スミスの著書。世界文化社刊。正式書名は『ベニシアのハーブ便り―京都・大原の古民家暮らし』。ハーブを使ったオリジナル・レシピ110点と、イギリスの思い出や大原での暮らしに関するエッセーをまとめた一冊。現在も発売されており、続編も出版されている。

『猫のしっぽ カエルの手』／2009年にNHKで制作され、現在（2023年）はNHK Eテレで再放送されているテレビ番組。正式名は『猫のしっぽ カエルの手～京都大原 ベニシアの手づくり暮らし～』。「エッセイ」「ガーデニング日記」「ハーブのレシピ」「仲間たち」といったコーナーを通して、ベニシア・スタンリー・スミスの暮らしぶりを紹介する。

聞きどころ

彼女のライフスタイルと考え方について、**平易な言葉と温かい語り口でゆったり**と話されます。冒頭から、ベストセラーとなった著書は**どういう経緯で書かれたのか**、本の中のエピソードを**読者が共感を持って読めるのはなぜか**、などが語られます。その後、彼女のテレビ番組が取り上げて紹介する人々の共通点、番組への感想などが続き、最後に世俗的成功に惑わされず**内なる平和を大切にしたいという思い**を語ってインタビューは終わります。日本の自然と調和しながら心穏やかに丁寧に暮らすという彼女の生き方は、深く力強い精神性に支えられたものだという印象が残ります。じっくり味わいながら聞いてください。

京都・大原の古民家暮らしをつづった
ロングセラー本は
夫との二人三脚でできたもの

Interviewer: You, you ⓿❶focused on, on writing, uh, just within the last few years, and most of it ⓿❷in collaboration with your husband, ⓿❸Tadashi Kajiyama, and I'd like you to just talk now about some of the projects that you've ⓿❹undertaken together and how that led to the ⓿❺publication of your first book, ⓿❻*Venetia's Ohara Herb Diary*.

インタビュアー： ここ数年は、執筆活動を重点的に行っていらっしゃいますよね。そして、そのほとんどが、夫の梶山正さんとの共同作品です。これまでお二人で手掛けられたお仕事について、それから、それらがどのようにしてあなたの第一作である『ベニシアのハーブ便り―京都・大原の古民家暮らし』の刊行につながったのか、お話しいただけますか？

Venetia Stanley-Smith: In around the year 2000 we started writing a column, um, for ⓿❼the Kyoto Newspaper, and I'd never thought, before that, that I would end up writing because I don't, you know, I've been in Japan long and I can't read Japanese, and because I've lived in Japan for so long my English is also becoming a little ⓿❽rusty, so I never ⓿❾dreamt of writing. But I had a lot of things that I wanted to say.

ベニシア・スタンリー・スミス： 2000年頃、私たちはあるコラムを京都新聞に書き始めました。それまで私は、自分が物を書くことになるなんて、考えたことがありませんでした。というのも、私は長い間日本にいますが、日本語は読めませんし、あまりに長い間日本に住んでいるせいで、英語も少し下手になっていました。ですから、まさか物を書くことになるなんて、夢にも思いませんでした。でも、言いたいことは、いろいろあったんです。

⓿❶ **focus on ~**　～に焦点を合わせる、～に集中する

⓿❷ **in collaboration with ~**　～と共同で、～と協力して

⓿❸ **Tadashi Kajiyama**　梶山正 ★（1959- ）スタンリー・スミスの夫。山岳雑誌への寄稿なども行っている。

⓿❹ **undertake**　引き受ける、請け負う

⓿❺ **publication**　出版、刊行

⓿❻ ***Venetia's Ohara Herb Diary***　『ベニシアのハーブ便り―京都・大原の古民家暮らし』 ★p. 160、Key Words参照。

⓿❼ **the Kyoto Newspaper**　京都新聞 ★スタンリー・スミスは2001年4月から'03年12月まで、同紙で「ベニシアの大原日記」を連載していた。

⓿❽ **rusty**　さびついた、鈍（なま）った

⓿❾ **dream of ~**　～を夢見る、～しようと思う、（否定文で用いて）～をするなんて夢にも思わない ★本文中のdreamtは、dreamの過去・過去分詞形の一つ。イギリスでよく使われる。アメリカでは普通dreamed。

And we moved to ⓿¹Ohara, I wrote, started writing a diary about starting to ⓿²renovate a house and all the people that helped us and the story of the house. And one of ⓿³my students saw that diary and thought what, showed her husband and he was, you know, ⓿⁴impressed or thought it was an ⓿⁵unusual diary, so he asked me if I'd like to write it for the newspaper, you know, together with Tadashi.

それで、大原に引っ越して、私は日記を付け始めました。家のリフォームを始めたことや、私たちを助けてくれた皆さんのこと、それから、その、家の話ですね。そして、私の生徒さんの一人がその日記を目にして、自分の旦那(だんな)さんに見せたんです。その人は、感心したのか、それとも変わった日記だと思ったのか、私に、それを新聞に書いてみる気はあるかと尋ねてきました、その、正と一緒に。

And Tadashi, I was very lucky, 'cause Tadashi, he is a good writer so he ⓿⁶turned my, sort of, very simple English into very beautiful Japanese. And took lovely photos. And so I thought well, this should be made into a book.

そして、正ですが、私はとてもラッキーでした。正は文章が上手なので、私の、何というか、すごく単純な英語を、とても美しい日本語に訳してくれたんです。それに、とてもすてきな写真を撮ってくれました。ですから、私は思ったんです、そうね、これは本にすべきなのかもしれない、と。

忙し過ぎる日本人に、忘れていたことを思い出させるきっかけになる本

Interviewer: This book has become so ⓿⁷phenomenally successful, and it's just in one ⓿⁸printing after the next,

インタビュアー：この本は、驚くほどの大成功を収めていますね。どんどん版を重ねています。現在、あなたはまるで、どうやら日本人心理の波

01 **Ohara** 大原　★京都市左京区にある地名。
02 **renovate** 修繕する、（特に建物を）改築する、リフォームする
03 **my students** ★スタンリー・スミスは、京都市左京区で「ベニシア インターナショナル英会話スクール」という英会話学校の代表を務めていた。
04 **impress** （～に）感銘を与える、（～を）感動させる
05 **unusual** 普通でない、変わった
06 **turn A into B** AをBに変える、AをBに翻訳する
07 **phenomenally** 驚くほど、著しく
08 **printing** （書物などの）刷、版
09 **psyche** 精神、心
10 **address** （～を）扱う、（～に）取り組む
11 **fundamental** 基礎にある、根本的な
12 **attribute A to B** AをBに起因すると考える、AはBの結

it seems like you're, you're riding some kind of wave of the Japanese ⓽psyche right now; that you're ⓾addressing some ⓫fundamental need of the Japanese people through this book. What, ⓬to what do you attribute its amazing success?

みたいなものにお乗りになったと感じられます。つまり、この本を書かれたことで、日本人の根源的な欲求に真っ向から応えることになったと感じられるのです。この素晴らしい成功の理由は、何にあるとお考えですか？

Stanley-Smith: Well, maybe, ⓭the first book — I write about some things that happened to me. Not so directly, but I give an example ⓮of my life of being, when I was a working mother or, you know, when I was small and my parents ⓯divorced, and those kind of stories sort of appear in the book.

スタンリー・スミス：そうですね、多分、最初の本では——私の身に起こったことについて書いていると思います。それほど直接的ではありませんが、私の人生の例を挙げているんです。ワーキング・マザーだったときのこと。幼いころ、両親が離婚したときのこと。この本には、そういった類（たぐい）の話が登場します。

And I think maybe people ⓰relate to them because they're ⓱going through ⓲some problem themself. And I'm trying to say at each essay, you know, that in each essay I try to say that it's all right, you know, even if this is ⓳going on, we have this, we are ⓴alive. You know it's so, we can ㉑get so involved with our problems that we forget to look at the blue sky or we forget to spend time just ㉒gazing maybe at a flower

おそらく読者の方々は、そういった話を共感を持って読めるのだと思います。ご自分でも、そういった問題を経験されているので。私がそれぞれのエッセイで言おうとしているのは、大丈夫、たとえ困難が続いても、私たちにはこういったことがある、私たちは生きている、ということです。ほら、私たちは、自分の抱えている問題にどっぷりはまり込んでしまって、青空を見ることや、花壇や何かをただ見詰めて過ごすことを、忘れてしまいがちでしょう。これをやらなくちゃ、あれをやらなくちゃ、と考えることに忙し過ぎて。私がこういったことを書き、

果であると考える

⓭ **the first book** ★『ベニシアのハーブ便り』（p. 160、Key Words参照）のこと。スタンリー・スミスはこのほか『ベニシアの京都里山暮らし―大原に安住の地を求めて』（世界文化社）『幸せは自分の中にある』（KADOKAWA）などの著作がある。

⓮ **of** ★fromの方が一般的。

⓯ **divorce** 離婚する

⓰ **relate to ~** ～のことが（心情的に）よくわかる、～に共感できる

⓱ **go through ~** ～を経験する、～を体験する

⓲ **some problem themself** ★正しくはsome problems themselves。

⓳ **go on** 続く

⓴ **alive** 生きて、生存して

㉑ **get involved with ~** ～に巻き込まれる、～にはまり込む

㉒ **gaze at ~** ～をじっと見る、～を見詰める

garden or something because we're so busy thinking we have to do this or that. And when I write that, then people read it and think, "Oh, yeah, that's right, I'm forgetting," and it [01]reminds them.

皆さんがそれを読み、「ああ、そうだ、そのとおり、忘れていた」と思ってくださる。私の文章が、皆さんに思い出させるんです。

And 'cause I think everything I've written actually, people know, it's just that we forget and so they're reminded. And some people tell me they read it again and again, which does surprise me, but maybe it's because of that reason — to be reminded again.

というのも、私の書いていることはすべて、実は、誰でも知っていることなのだと思うんです。ただ、忘れているだけ。だから（私の文章によって）思い出すんです。読者の中には、私の文章を何度も何度も読み返していると言ってくださる方もいます。それを聞いて、私はとても驚くのですが、そういう理由からなのかもしれませんね——（人々が）もう一度思い出すという。

NHKの番組で反響を呼んだエッセーを彼女自ら朗読しているDVDBOOK『ベニシアの四季の詩 猫のしっぽカエルの手』（左：2014、世界文化社）／写真家である夫がベニシアと暮らしてきた日々をつづったエッセー集『ベニシアと正、人生の秋に』（2019、KADOKAWA）

[01] **remind** （～に）思い出させる、（～に）気付かせる

[02] **your program on NHK** ★NHK製作のテレビ番組『猫のしっぽ カエルの手～京都大原 ベニシアの手づくり暮らし～』のこと。p.160、Key Words参照。

[03] **hugely** 非常に、極めて

[04] **now that . . .** 今や……だから、……なので

[05] **national** 全国的な、国中の

[06] **audience** 視聴者 ★集合的に用いる。

[07] **utilize** 利用する、活用する

[08] **recapitulation** 要約、総括

[09] **the idea of introducing different people** ★京都新聞で連載していた「ベニシアの大原日記」では、毎回、京都でスタンリー・スミスが出会った人物を紹介するという形を取っていた。

[10] **ordinary** 普通の、平凡な

NHKの人気番組『猫のしっぽ カエルの手』で紹介されるのは、無名だけれどその生活から何かを学べるような人たち

46

Interviewer: Well, [02]your program on NHK is also [03]hugely popular. And [04]now that you have this moment to speak to a [05]national [06]audience, how do you want to [07]utilize this opportunity? What is it that you are trying to say through this TV series? Is it a [08]recapitulation of what you've done through the book? Or . . .?

インタビュアー：その、あなたのNHKの番組も、非常に人気があります。今や全国の視聴者に向けて語り掛ける時間ができたわけですが、その機会を、どのように生かしたいですか？ あなたがこのテレビ番組のシリーズを通して言おうとしていることは、何ですか？ あの本でなさったことの要点を再説するということになるのでしょうか？ それとも……？

Stanley-Smith: It started because they were, you know, the person who started this program had read the newspaper articles, not the book, and he really liked [09]the idea of introducing different people. Most of them are not famous people at all, they're just [10]ordinary people doing something. But I think each time I want, I really want them to choose a person, or, that has something very important, not really to say, but just by watching what they're doing in their life, we learn something from what they're doing.

スタンリー・スミス：この番組が始まったのは、番組を始めた方が、私の本ではなく、新聞の記事を読み、さまざまな人物を紹介するというアイデアを気に入ってくれたからでした。紹介される人物の大半は、まったく無名の方々です。何かをしている、普通の方々なんです。でも私は毎回、この番組ではこんな人を取り上げてくれるといいなあと思っています。つまり、何かすごく大事な、言うべきことを持っている人、というか「言う」んじゃなくてもいいんです。その人が生活の中でやっていることを見るだけで、私たちが、その人のやっていることから何かを学べるような人なら。

And every time I watch the program, I'm always ❶fascinated, because you know, I'm seeing for the first time ❷that other person being ❸filmed and I always feel there's something they said that really ❹inspires me or teaches me something about nature, and, um, the music is very relaxing.

番組を見るたび、私はいつも引き込まれます。というのも、私にとって、そうした身近な人がテレビに映っているのを見るのは初めてのことですし、いつも感じるからなんです、そうした人が言ったことには、私にひらめきを与えてくれるものや、自然について、何かを教えてくれるものがある、と。あの番組の音楽も、心をとても落ち着かせてくれますし。

And, and then funnily ❺enough, me speaking English seems to be popular which I never, I never imagined. I thought "speaking English?" that . . . not so many people in Japan can speak English, but it's, some people tell me it, it doesn't ❻matter that they don't understand 'cause they can read everything, you know.

それから、実に面白いことに、私が英語を話すということも、とても評判が良いらしいんです。これは想像もしなかったことです。「英語で話すの？」と思っていたくらいです……日本には英語を話せる人はそんなに多くないですから。でも何人かの人から聞いたのですけど、わからなくても問題ないそうです。全部（日本語の字幕で）読めますから。

インタビュー当時に撮影された
ベニシア・スタンリー・スミス
撮影：梶山正

❶ **fascinate** 魅了する、引き付ける

❷ **that other person** ★スタンリー・スミスの番組で取り上げられる、前述の人たちのこと。ここでは「そうした身近な人」と意訳した。2行下のtheyはhe or sheの意。性別に特に言及しないときに使われる用法で、複数の意味はない。

❸ **film** 撮影する、カメラに収める

❹ **inspire** （～に）ひらめきを与える、（～を）元気付ける

❺ **enough** 実に、全く

❻ **matter** 重要である、問題である

❼ **lecture** 講義［講演］をする

❽ **catapult A into B** Aを猛烈な勢いでBの中へと放り込む

❾ **public attention** 世間の注目、人々の関心

❿ **valuable** 価値のある、貴重な

⓫ **in the public spotlight** 世間の注目を浴びて

⓬ **translate into ~** 結果とし

限られた時間は、家族や庭に費やしたい。最も大事なのは、心のうちの平和

Interviewer: You have done so many different things since you first came to Japan . . . you've been an English teacher, you've ⓪⑦lectured around the country, you've been a mother. You know, you've done all of these different things and now that you are, have kind of been ⓪⑧catapulted out there into ⓪⑨public attention, what is the most ⑩valuable lesson that you can learn from being ⑪in the public spotlight? How does that ⑫translate into your personal life as well?

インタビュアー：日本にいらしてから、さまざまなことをなさってきましたよね……あなたは、英語の講師でもありますし、全国で講演をされていますし、母親でもあります。こういった、いろいろなことをなさってきた上で、突如として世間の注目を浴びることになったわけです。世間の脚光を浴びることから学べる最も貴重な教訓は何でしょう？　世間の脚光を浴びることは、あなたの私的生活の方にはどういう影響を与えているのでしょう？

Stanley-Smith: Well, I'm trying to keep my schedule, um — not to accept everything that people ask me if I'd like to do. I mean, because there's just no time. And if I start ⑬rushing then I feel that ⑭what I am saying in the book is, is . . . I'm not doing what I, I'm saying, you know.

スタンリー・スミス：そうですね、わたしは、自分のペースを守るようにしています——「やってみる気があるか」と持ち掛けられたこと、そのすべてを引き受けたりはしないようにしています。単純に、時間がないので。もし私が慌ただしくし始めたら、あの本の中で言っていることが……私は、自分の言っていることを実践していない、というふうに感じるのです。

て〜になる、〜に変わる

⑬ **rush**　急ぐ、あわただしく行動する

⑭ **what I am saying in the book**　★スタンリー・スミスは、著作の中で、豊かな自然を味わいながら送る、ゆったりとした手作り生活を紹介している。

And in Japan, you've got this word, which is called *isogashii,* and I think most Japanese people probably say that every day, maybe. But ⓿if you write *isogashii,* it means *kokoro ga nai* which means to have no heart. And I think that's what happens. When you get busy, you suddenly, you stop feeling that, the heart within you. You stop feeling that, that feeling of each moment. You get lost in what you're doing. And that is what, I'm afraid that may happen if I get busy.

それに日本には、「忙しい」という言葉があります。日本の人たちのほとんどは、毎日この言葉を口にしているのではないかと思います。でも、「忙しい」という文字を書いてみると、(この文字は)「心がない」、つまり、ハートがないという意味ですよね。私は、そのとおりのことが起こるのだと思います。忙しくなると、急に、感じなくなってしまうんです、自分の中にある心を。感じなくなってしまうんです、一瞬ごとの感情を——自分のしていることの中に自分を見失ってしまうんです。私は、それを恐れているんです。忙しくなったら、そうなってしまうかもしれない、と。

So, I'm making it very clear to everyone around me that no matter, you know, how —howev—people tell me, "This is your chance, Venetia. You know, in Japan if, it may not ⓿last forever." I don't ⓿mind. I don't mind. I mean, I just think it's more important that, that what I write about is actually what I'm doing.

ですから、周囲の皆には、はっきり言っているんですよ。いくら「ベニシア、これはチャンスだよ。日本ではこんなことはいつまでも続くものじゃないよ」と言われても、私は気にしません。気にしないんです。私は、自分の書いていることと、私のしていることが一致していることの方が、重要だと思っています。

01 **if you write *isogashii*, it means . . .** ★「忙」という漢字について話している。
02 **last** 続く、継続する
03 **mind** (〜を) 気にする、(〜に) 構う
04 **turn down ~** 〜を断る、〜を拒む
05 **water** (〜に) 水をやる
06 **serenity** のどかさ、安らぎ
07 **tranquility** 穏やかさ、静けさ
08 **corny** 陳腐な、古くさい

Japan is a country where, you know, success and business, and it's . . . there's a lot of things happening . . . and people think it's, "Well, you're so lucky," you know. And I, I mean I think I am lucky, but at the same time I ❹turn down things, too. I say, "I can't do that," 'cause I just want to be able to have enough time with my family, or enough time to ❺water the garden. That's important.

I just feel right now that, um, you know the best, the most important thing is, is to have a ❻serenity to experience ❼tranquility, and, and peace. Peace. I know peace sounds very ❽corny, but peace, peace inside your heart.

Interviewed by Kathy Arlyn Sokol

日本は、成功とビジネスの国です、そして……さまざまなことが起こっています……そして、人々はこう思っています、「あなたはとてもラッキーだ」と。確かに私も、自分はラッキーだと思います。でも、それと同時に、お断りしていることもあるんですよ。「できません」と言うんです。私はただ、家族と過ごす十分な時間や、庭に水をやる十分な時間が欲しいので、と。それが重要なんです。

今はただ、最も大切なのは、安らぎを得ることだと感じるんです、穏やかさ、そして平和を味わうための。平和です。平和だなんて、使い古された言葉に聞こえるかもしれませんが、自分の心のうちの平和(がとても大切なん)です。

(訳：中村有以)

Follow-Up-Column

――― 40年来の親友が語る ―――

ベニシアさんの精神世界のルーツはインドの導師

※1キャシー・アーリン・ソコル（インタビュアー）

1981年、私はパートナーのデイヴィッド・クビヤックと京都を訪れていた。彼は1年に及ぶインドへの長旅を終えて日本に戻ったばかりだった。私たちは丸善書店をぶらぶらしていたのだが、そのときベニシアがデイヴィッドのもとに駆け寄ってきた。予期せぬ再会に彼女は大喜びの様子だった。

私はベニシアに紹介され、二人の出会いについて話を聞いた。彼らは1970年代に音楽イベントを何度か共同開催して、それを契機に京都の外国人社会でそれぞれ文化的な役目を担うようになったということだった。

京都に初めて来たとき、ベニシアは銀閣寺の近くに古民家を安く借りて僧院を開いたが、それはインドで1年間一緒に過ごした彼女の導師（グル）※2プレム・ラワットをまつるためのものだった。その導師の信頼、慈悲、自然の計り知れない叡知についての教えは彼女の人生を一変させ、彼女はその教えを日本に広めるべきだと感じていた。彼女の生来の魅力とおおらかな心に人々は引き付けられ、僧院の信者は増えていったが、ベニシアの方もすっかりこの国に魅せられ、それから50年もの間、日本に住むことになったのだった。

丸善で出会ってから間もなく、私たちはベニシアの家をしばしば訪れるようになった。ディナーをご馳走になったり、クリスマスや誕生日を祝ったり、アフタヌーンティーをいただきながらおしゃべりしたり、お互いの子供が成長するのを見守ったりしながら40年がいつの間にか過ぎた。

ベニシアと私もまた、姉妹のように過ごしながら一緒に成長してきた。私たちはこれまでずっと、お互いを信頼し、隠し立てすることなく、尊敬し合いながら友情を育んできた。夜明け前に彼女の古民家の表に出て腰掛け、特に何をするでもなく、目の前に広がる水田や靄（もや）のかかる新緑の山並みをただただ眺めながら一緒に過ごすこともしばしばあった。

今、ベニシアの視力は弱まってほとんど見えなくなり、水田や靄のかかる新緑の山並みの詩的な美しさを目にすることはできない。そこで私はしばしば彼女に導師の言葉を思い出してもらうようにしている。

「自由はほかのどこでもない、自分の内なる世界に見いだせるのです。人は皆、心のどこかに自由で平和と愛で満ちたスペースがあるのです。あなたの真実はあなたの中にあるのです。あなたの平和はあなたの中にあるのです』（プレム・ラワット）

※1 日本を拠点とするインタビュアー、ドキュメンタリー映像作家、ナレーター。今回のインタビュアーでもある。
※2 インド生まれの国際的な講演者、著述家。

ニッポンを語る

学びやすく柔軟性のある日本語を共通語に!

ロジャー・パルバース

Roger Pulvers 作家、翻訳家

インタビューの背景

初来日以来、半世紀近くに及ぶ間に日本各地を旅し、日本文化の特性や独自性を見出してきた、ロジャー・パルバース。2014年に出版された彼の著書『驚くべき日本語』では、日本語が曖昧(あいまい)で難解な言語であるという「先入観」の誤りや、言語習得に必要な心構えなどを、わかりやすく解説している。また、日本語が驚くほど柔軟性に富んだ言語であると説き、「世界共通語」(リンガ・フランカ)になり得る可能性をも示唆している。

彼が「日本語は易しい」と言っているのは、あくまでも話し言葉だ。読み書きについては、漢字などを学ばなければならないので壁は高いとしている。日本語が柔軟なのは、例えばオノマトペ(擬音語・擬態語)を使って、少ない語彙で微妙な表現ができる点であるとパルバースは説く。「にやにや笑う」「げらげら笑う」などを英語で言おうと思うと、まったく異なる動詞(grin や roar)を使わなければならないのだ。

インタビューを聞くと、日本語や外国語学習への考え方が一変するかもしれない。

Speech Data

収録日:2014年3月6日/収録地:東京/取材:大野和基

Profile

1944年、アメリカ、ニューヨーク生まれ。
ハーバード大学大学院で修士号を取得後、ワルシャワ大学とパリ大学への留学を経て、'67年に来日。
以来、ほぼ半世紀を日本をベースに過ごす。この間に、日本語、ロシア語、ポーランド語をマスター。大島渚監督の映画『戦場のメリークリスマス』('83)の助監督などを経て、執筆活動に入る。宮沢賢治作品の英語翻訳にも取り組み、第18回宮沢賢治賞(2008)、第19回野間文芸翻訳賞('13)を受賞。2017年には自身の小説を原作にした映画『STAR SAND ―星砂物語』を初監督。'18年には旭日中綬章受章(日本での外国語教育の発展など)。現在は、1970年代に国籍を取得したオーストラリアを拠点に活動している。

『驚くべき日本語』(2014)
ロジャー・パルバース著、早川敦子訳/集英社インターナショナル
英語・ロシア語・ポーランド語・日本語を完璧にマスターしたパルバースが、比較言語論的な視点や自らの体験を基に、日本語が世界共通語にいかにふさわしいかを説く。写真は文庫版(2020)。

Photo: 大野和基

… actually, Japanese is a very easy language for foreign people to learn.
実際には、日本語は外国人が非常に簡単に学べる言語なのです。

インタビューを聞く前に

Listening Points

形式 1対1のインタビュー

速さ やや遅い

語彙・表現 言葉に関する内容だが、言語学の専門知識は特に必要としない。ただし、ラテン語の単語などは音声だけではわかりにくいので、スクリプトで確認してから聞き直すとよいだろう。

話し方 1文の長さが比較的長いが、語句の発音が明瞭でスピードもそれほど速くはない。特に大事なところはゆっくりと強調して話してくれるので、比較的聞き取りやすい。

Key Words

『驚くべき日本語』／パルバースが比較言語論的な視点や自らの体験に基づいて、日本語の魅力や「世界共通語」としての可能性を論じた著書。2014年、集英社インターナショナル刊。2020年に文庫化された（集英社文庫）。172ページの「インタビューの背景」も参照。

聞きどころ

テーマが日本語ということもあり、比較的聞きやすいインタビューと言えます。最初のトラックは「**日本語は曖昧で難しい**」という、**よく聞く通説がトピックなので理解しやすい**でしょう。後半から次のトラックにかけては、その**思い込みを覆すための説明**がなされているので、ここはしっかり聞き取りましょう。次は語学を学ぶには、まず母語や自国の体験、先入観をなくして「**白紙状態**」**になるべき**、というトピックです。シンプルに思えるコンセプトですが、パルバース氏はラテン語も引用しながら言葉を尽くして説明しています。こういった**知的な話術を味わいましょう**。最後は一種逆説的なパルバース氏の面白い説で結びます。「**毛穴を通して言語を学ぶ**」とはどういうことでしょうか？

日本語は難しくて曖昧、と言われるが
話し言葉に限れば、
日本語は外国人が非常に簡単に学べる言語

Interviewer: You said in the book, ⓿①*Odorokubeki Nihongo,* that most Japanese people ⓿②assume that it is ⓿③extremely ⓿④challenging for foreigners to learn to speak the Japanese language. Why do you think that is?

インタビュアー：『驚くべき日本語』というご著書の中で、外国人が日本語を話すことを学ぶのは極めて難しいと、たいていの日本人が決めてかかっている、と書かれていますね。なぜそういうことになると思われるのですか？

Roger Pulvers: Well, there's certainly a ⓿⑤myth ⓿⑥prevalent around the country that, uh, Japanese is a very difficult language, and that Japanese is a very ⓿⑦ambiguous language, and that it is too difficult and too ambiguous for foreigners to be able to catch the real meaning — the meanings that the Japanese people have in their hearts and have had for hundreds and hundreds of years.

ロジャー・パルバース：そうですね、ある社会通念がこの国中に広く行き渡っていることは確かです。日本語は非常に難しい言語で、非常に曖昧な言語である、そして、外国人には難しくて曖昧過ぎるから、その本当の意味——日本人が心の内に持っている、何百年も持ち続けてきた意味合いは把握できない、という社会通念です。

But in my book I tried to show that this is not ⓿⑧the case at all, that, actually, Japanese is a very easy language for foreign people to learn.

しかし、私は著書で、これが全く事実と違って、実際には、日本語は外国人が非常に簡単に学べる言語である、ということを示そうとしました。ただし、読み書きについて言っているの

⓿① ***Odorokubeki Nihongo*** 『驚くべき日本語』 ★p. 174、Key Words参照。

⓿② **assume that . . .** ……と決めてかかる、……と考える

⓿③ **extremely** 極度に、大いに、極めて

⓿④ **challenging** 骨の折れる、大変な、苦しい

⓿⑤ **myth** 神話、根拠のない社会通念

⓿⑥ **prevalent** 広く行き渡っている、流布している

⓿⑦ **ambiguous** 曖昧な

⓿⑧ **the case** 事実、真相 ★この意味では通例、theを伴う。

Now I'm not talking about reading and writing, because Japanese is a very difficult language to read and write, because you have to learn the kanji ⓿❶and so on. So, ⓿❷for the purposes of this talk and for the purposes of my book — although in my book I do ⓿❸go into the written language a bit — I talk ⓿❹primarily about spoken language.

ではありません。日本語は読んだり書いたりするのには非常に難しい言語だからです、漢字などを学ばないといけませんから。このインタビューと本書に関しては――本の中では、書き言葉についても少し論じていますが――主に話し言葉についてお話しします。

However, it is true that the Japanese people have ⓿❺maintained this myth, and there are ⓿❻hundreds, if not thousands, of books ⓿❼claiming that this is true, with all sorts of examples. Now if I had to give a few examples in Japanese — may I speak some Japanese here?

しかしながら、日本人がこの社会通念を持ち続けてきたというのは、本当のことで、ありとあらゆる実例を挙げて、それが真実であると主張している本が、何千冊とまではいかなくても、何百冊もあります。日本語で2、3実例を挙げるべきだとするなら――ここでちょっと日本語を話してもよろしいですか？

Interviewer: Sure.

インタビュアー：もちろんです。

Pulvers: For instance, if I go to a party, and the person, that my friend says, "Oh, *Pulver-san, ogenki desuka?* How are you?" Then the p—friend says, "*Okusamawa dochiradesuka? Okusamawa?*" Or just, "*Okusamawa?* What about

パルバース：例えば、私がパーティーに行くと、ある人、友人が「ああ、パルバースさん、お元気ですか？」と言い、「奥様はどちらですか？　奥様は？」と言う。あるいは単に「奥様は？」。そ

❶ ~ and so on　～など
❷ for the purpose of ~　～の目的で、～のために
❸ go into ~　～を詳しく論じる、～を詳細に述べる
❹ primarily　主に、おおむね
❺ maintain　支持する、擁護する
❻ A, if not B　Bと言っては言い過ぎだがAと言っても差し支えがない
❼ claim that . . .　（事実として）……だと主張する
❽ literally　文字どおり
❾ dot, dot, dot　点、点、点　★省略記号（ellipsis）の口語表現。「...」と英文中では表記する。ここでは、日本語の「……」のように、言いたいことをはっきり言わないことを表す。
❿ for whatever reason　どんな理由であれ、理由はともかく
⓫ implicitly　暗黙のうちに、それとなく
⓬ naturally　当然、もちろん
⓭ pry　詮索する　★発音は

your wife?" And I say "*Ma, ano, kanaiwa chotto,* ten, ten, ten." If I say that, I, my wife — to translate this ⓼literally, "Well, uh, my wife is a bit ⓽dot, dot, dot." Ha-ha. Now, this would be given, I think, as a sort of very common example of the fact that Japanese people, uh, use ambiguous phrases.

れで、私は「まあ、あの、家内はちょっと……」と言う。そう言ったとして、これを文字どおり翻訳すると、"Well, uh, my wife is a bit . . ." となります、ハハハ。さて、これは、日本人が曖昧な言い回しをする事実を示す、非常によくある例として挙げられるものだと思います。

This is not an ambiguous phrase at all. It's very clear to the person who hears this that in this case the speaker, meaning me, didn't want to say, "Maybe my wife is ill. Maybe she had another appointment. Maybe she ran away with another man last week, ha-ha, and is with some other man. What, ⓾for whatever reason, I don't want to say." And the other person understands this ⑪implicitly and immediately, and ⑫naturally does not ⑬pry, does not say "*Chottotte, chotto nani?*" You know, "What do you mean, '*chotto,*' a little bit? Where is she?" Very few Japanese would say this.

これは全然、曖昧な言い回しではないんですよ。これを聞く人にとっては、この場合の話者、つまり私が、口にしたくはなかったことが非常に明白です。「妻は病気かもしれない。別の約束があったかもしれない。先週、別の男と駆け落ちして、ハハハ、今は別の男と一緒にいるかもしれない。理由はどうあれ、私はそれを言いたくない」ということを。それで、相手はこのことを暗黙のうちに即座に理解して、当然ながら詮索せず、「ちょっとって、ちょっと何？」、「『ちょっと』、a (little) bit ってどういう意味？彼女はどこにいるの？」などと聞いたりはしないのです。そんなことを言う日本人は、ほとんどいません。

[prái]。

They would say, "Ah!" They would do what in Japanese is called "*enryo*." They would [01]hold back. They would [02]reserve their feelings rather than [03]express them, because they might say something that would hurt my feelings or be rude. This is very clear. This kind of phrase, "*Kanaiwa chotto*," is not ambiguous at all; it's very clear. [04]By definition, an expression or word understood by all [05]parties, both sides, completely and clearly understood, by definition can't be [06]vague or ambiguous.

（この場合）日本人は「ああ！」と言うでしょう。日本語で「遠慮」と呼ばれることをするでしょう。聞くのを控えるはずです。日本人は感情を表すよりもむしろ抑えるでしょう。私の感情を傷つけたり、失礼になることを言ってしまったりするかもしれないからです。これは非常に明白です。「家内はちょっと」といった類(たぐい)の言い回しはちっとも曖昧ではありません。非常に明白です。本質的に、その場にいる人すべて、どちらの側にも、完全に明白に理解される表現や言葉は、本質的にあやふやだったり曖昧だったりするはずはないのです。

読み書きという点では、漢字など数種の文字が使われる日本語は外国人が習得するのは確かに難しい、とパルバースは認めている
©CanStockPhoto

[01] **hold back**　控える、自制する
[02] **reserve**　差し控える、留保する
[03] **express**　表現する、言い表す
[04] **by definition**　定義上、当然、本質的に
[05] **party**　同席者、参会者
[06] **vague**　意味がはっきりしない、あやふやな　★発音は[véig]。
[07] **approximately**　だいたい、およそ、ほとんど、ざっと　★発音は[əprάksəmətli]。
[08] **neutral**　中立の
[09] **usage**　語法、慣用法
[10] **at the time**　その時、その時点で
[11] **social context**　社会的状況

言語はすべて中立的なもの。日本語は社会的文脈を理解すれば非常に簡単な言語になる

Pulvers: So, what I say in the book is that all the, the meaning of all words in Japanese and every other language — the 6,500 languages that human beings still use, or ⓪⑦approximately 6,500, on this planet — all of those languages are ⓪⑧neutral. They are not difficult and they are not hard. They are neutral. All words are neutral. And it depends on the ⓪⑨usage of people in that country, or people outside of that country who use the language, it depends on the usage that they give to it ⑩at the time.

パルバース：ですから、本書で述べているのは、日本語やほかのあらゆる言語のすべての単語の意味——人間が今も使用している6500の言語、この地球上の約6500の言語——それらの言語のすべては中立的だ、ということです。難しいものでも、手に負えないものでもありません。中立的なものです。言葉はすべて中立的なのです。その国でその言語を用いる人々やその国の外でその言語を用いる人々の用い方次第です。その時に、その語に与えられる用法によって決まるのです。

So, if you understand the ⑪social context of the relationships in Japan between juniors and seniors, between people of certain age or social standing, men and women, or part, what part of the country you're from and so on, then Japanese becomes a very easy language to learn. Naturally, you have to

年少者と年長者の間、一定の年齢や社会的地位の人々の間、男性と女性、出身地など、日本における関係性の社会的背景を理解すれば、日本語は学ぶのが非常に簡単な言語になります。当然、そういったことを理解しなくてはな

understand those things. You can't think that everybody speaks the same kind of Japanese. That, [01]in a sense, makes Japanese a [02]fairly difficult language to learn outside of Japan, because you, one doesn't understand the social context until one really sees it. But [03]having said that, I don't think Japanese is a difficult language.

りません。皆が同じ種類の日本語を話すと考えてはいけません。ある意味そのせいで、日本語は国外で学ぶのがかなり難しい言語になっています。というのは、実際に目にするまではその社会的背景を理解できないからです。そうはいっても、日本語が難しい言語だとは思いませんね。

外国語を学びたかったら、母語や自国での体験、先入観を抜きにして"白紙状態"になるのが重要

Interviewer: Many books out there claim that you have to approach learning English from the [04]standpoint of the Japanese language.

インタビュアー：世に出ている多くの本は、日本語の視点から英語学習に取り組むべきだと主張しています。

Pulvers: This is a big mistake. Now, in my book, I have a photograph of a very famous painting by the Spanish painter [05]Velazquez, and it's a painting of [06]Sibyl. I think this is one of the most important things in the book, one of the [07]main themes of the book. And Sibyl, who's like,

パルバース：それは大きな間違いです。私の著書には、ベラスケスというスペインの画家による非常に有名な絵画の写真を載せています。シビュラを描いたものです。これが私の本で最も重要なことの一つ、主要テーマの一つだと思い

- [01] **in a sense**　ある意味で
- [02] **fairly**　かなり、相当に
- [03] **having said that**　そうは言っても、それでもやはり
- [04] **standpoint**　観点、視点、見方
- [05] **Velazquez**　ベラスケス　★スペインの画家（1599-1660）。スペイン絵画の黄金時代だった17世紀を代表する巨匠。代表作に『ブレダの開城』、『鏡のヴィーナス』、『ラス・メニーナス（女官たち）』ほか。
- [06] **Sibyl**　シビュラ　★神の言葉を語る女性の預言者。ベラスケスは、1648年にシビュラをモチーフにしたとされる作品を描いている。パルバースはこのシビュラを、人が知識を獲得するさまを象徴的に示したたとえとして著書で紹介している。
- [07] **main theme**　主題、メインテーマ
- [08] **goddess**　女神
- [09] **all-white**　白一色の、真っ白な
- [10] **tablet**　石板　★古代ローマ

almost like the ⓪⑧goddess of wisdom, is pointing to a white, an ⓪⑨all-white ⑩tablet with her finger, and that tablet is, there's nothing written on it.

ます。シビュラは、知恵の女神といってもいいのですが、真っ白な石板を指さしていて、その石板には何も書かれていません。

And there's a Latin phrase, ⑪"*tabula rasa,*" which we use in English, too. It means an ⑫erased tablet — means nothing on it; there's nothing on it. Now, I take this as a ⑬metaphor for learning languages, in my book. Basically, I say you could translate "*tabula rasa*" as, uh, "*hakushi jotai.*"

ラテン語に "tabula rasa" という語句があって、英語でも同じ表現ですが、消された石板という意味で——そこに何も書かれていないという意味です。何もないのです。私はこれを、著書の中で、言語学習の象徴として取り上げています。基本的に、"tabula rasa" は「白紙状態」と翻訳できるでしょう。

Interviewer: "*Hakushi jotai.*" Yeah, a ⑭slate with nothing written on it.

インタビュアー：「白紙状態」。ええ、何も書かれていない石板、ということですね。

何も書かれていない石板を指すシビュラ（ベラスケス作［1684］）

で使われていた、字を書くための薄板。

⑪ **"*tabula rasa*"** 「何も書いていない石板」 ★ラテン語で「文字の書いてない石板」の意。イギリスの哲学者ジョン・ロックが、心の白紙状態、精神の無垢（むく）な状態を指す用語として使用した。

⑫ **erase** 消す

⑬ **metaphor** 比喩的表現、たとえ、象徴

⑭ **slate** 石板

Pulvers: Yeah, that's right. Except that "rasa" is the same, uh, word that gave us the English word erase, so it means "*kesareta,*" erased, so something was written there before, whereas "*hakushi*" means just that it's white. It's blank, actually, "*hakushi*" means blank. So, blank piece of paper, let's call it that. This is very important. This is the only way to really approach a foreign language.

パルバース：ええ、そのとおりです。ただし、"rasa"は英語にeraseという語をもたらしたのと同じ語なので、「消された」という意味で、以前にはそこに何かが書かれていた。それに対して、「白紙」はただ白いことを意味する。何も書いていない、実際のところ、「白紙」は記入されていないことを意味します。ですから、何も書かれていない一枚の紙、と呼ぶことにしましょう。これは非常に重要なことです。これが外国語に本当の意味で取り組む唯一の方法なのです。

And I think I might actually ❶stretch that out to say almost anything, the study of history or something, is without ❷preconceptions based on your own language, your own country's experience or some sort of ❸notion of something that's a standard.

ほぼあらゆることについて、その考え方を実際に広げて言えると思うのですが、例えば歴史や何かの学習についても、母語や自国での体験、標準とされるある種の概念に基づく先入観を抜きにして行うべきものである、ということです。

Uh, so if you want to learn English or any other foreign language, ❹for that matter, it is important that you forget your Japanese. You don't think, "Oh, in Japanese, it's "*hakushi jotai*"; what is it, I wonder how to say this in English." Now, sometimes we all do this and it's, like, you ask

ですから、さらに言えば、英語や、何であれほかの外国語を学びたかったら、母語の日本語を忘れることが重要です。「ああ、日本語では『白紙状態』と言うが、英語ではそれを何て言うのだろう」などと考えないことです。私たちは皆、時々それをやってしまいます。例えば、「すみません、これはその言語では何というのですか？」と誰かに尋ねたりする。そう悪いことで

❶ **stretch ~ out**　～を引っ張って伸ばす、～を引っ張って広げる
❷ **preconception**　予断、先入観、偏見
❸ **notion**　概念、考え、観念
❹ **for that matter**　それについて言えば、そのことなら
❺ **continually**　絶えず、しきりに、たびたび
❻ **mindset**　考え方、ものの見方
❼ **prepare A to do**　Aに～する準備をさせる
❽ **absorb**　吸収する
❾ **pore**　毛穴
❿ **empty out ~**　～を（中身を出して）空にする
⓫ **come one's way**　～に起こる、～の身に降りかかる

somebody, "Sorry, what is this called in that language?" That's not so bad. But if you ⓹continually do that, and you approach a foreign language in that way, you will never, never learn a foreign language well.

もないのですが、絶えずそれをして、そういうやり方で外国語に取り組んでいると、外国語に精通することは、決してないでしょう。

You need to have the ⓺mindset that ⓻prepares you to ⓼absorb. You don't learn a language, you absorb a language: "*kyusyu suru.*" You absorb a foreign language as you absorb knowledge, not only through your eyes and your ears, but through the ⓽pores of your skin, almost.

自分が吸収する構えになれるような考え方をする必要があります。言語は学ぶものではなく、吸収するものです。知識を吸収するように、目や耳だけではなく、肌の毛穴をも通じて、外国語を吸収するようなものです。

自分が3カ国語を非常に速く習得できたのは 物事に対して心を開く天才だから

Pulvers: My ability to learn three foreign languages so quickly, uh, depended on my ❿emptying out my mind and making myself into a complete "*hakushi,*" complete "*tabula rasa,*" so that when things did ⓫come my way, I was able to absorb them — write them on my

パルバース: 私が非常に速く3カ国語を習得できたのは、心を空っぽにし、自分自身を完全な「白紙」、完全な "tabula rasa" にして、新しいことに出合ったとき、それを吸収することができたおかげです。言ってみれば、自分の石板にそれら

tablet, ❶as it were, immediately, and therefore they were ❷branded into my brain, and I really, I don't forget those things. Whereas —

をすぐに書き込むことができたので、脳裏に刻み込まれた、だから、それらのことを忘れないのです。それにひきかえ——

Interviewer: Some people, some people might say that you were a ❸linguistic genius.

インタビュアー： あなたは語学の天才だったのだ、と言う人もいるかもしれません。

Pulvers: Yeah, no, no, no. No, uh, that's what I'm trying to say: I'm not a linguistic genius; I'm a genius at opening up to things. But we can all be, most people can be that way. As we know, we've all had the experience of we're reading a book in a foreign language, we ❹come upon a word we don't know, we ❺look it up in a dictionary and we see that it means ❻such-and-such, and we ❼go, "Oh good, right." OK?

パルバース： ああ、いえいえ。いいえ、私はその話をしようとしていたんです。私は語学の天才ではありません。物事に対して心を開くことの天才なのです。しかし、私たちは皆、たいていの人はそういうふうになれますよ。ご承知のとおり、私たちは皆、外国語で本を読んでいるときに、知らない単語に出くわして、それを辞書で調べ、これこれの意味だとわかり、「ああ、わかった」という経験がありますよね。

The next day, you see the same word and you think, "*Nandattakke*? What the hell was that? I forgot if — just looked it up yesterday and I already forgot. ❽Damn it," you know, "What's the matter?" We've all had that experience. But that's OK.

翌日、同じ単語を目にして、「何だったっけ？ あれはいったい何だった？ 忘れちゃった。昨日調べたばかりなのに、もう忘れた。何てことだ」と思います。「どうしちゃったんだ？」とね。私たちは皆、そういった経験があります。でも、それでいいのです。

❶ **as it were** いわば
❷ **brand** 焼き付ける、刻み付ける
❸ **linguistic** 言語の
❹ **come upon ~** ～に（思いもかけず）出会う、～をふと見つける
❺ **look ~ up in a dictionary** ～を辞書で調べる
❻ **such-and-such** これこれのもの
❼ **go** （～と）言う、（～と）述べる、（心の中で～と）思う
❽ **damn it** しまった、ちくしょう ★ののしり言葉。
❾ **once in a while** ときどき
❿ **bloody** ひどく、やけに

(09)Once in a while you do that. What you do is you look it up again, and when you hear the word again, and if you don't remember the meaning, you (10)bloody well look it up again. But you can't do that with tens of thousands of words in a language. What you need to do is understand implicitly what is being said.

時には、そういうこともあります。どうするかというと、もう一度調べてみる。その単語をまた耳にして、意味を思い出せなかったら、もう一度よくよく調べてみる。しかし、ある言語の何万という単語についてそれをやるわけにはいきません。やる必要があるのは、それが意味するところをそれとなく理解することです。

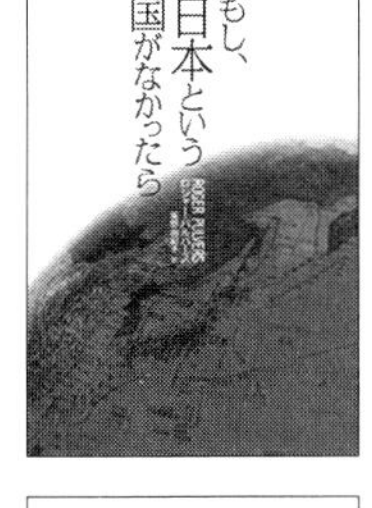

パルバースは、言葉や異文化理解についてさまざまな著作を世に送り出してきた
『10年間勉強しても英語が上達しない日本人のための新英語学習法』(2015)
『もし、日本という国がなかったら』(2011)
『ぼくがアメリカ人をやめたワケ』(2020、以上3冊いずれも集英社インターナショナル)
『英語で読む啄木』(2015、河出書房新社)

相手の国、宗教、歴史などについて知り
相手が自分をどう表現するかを
予測できるようにする

Pulvers: And I've taught four languages in my life. I've taught English, Russian, Polish and Japanese. And I taught English in Japan for many years. But I always told my students in all the language classes, whatever language it was — and this may sound very strange to readers of the ENGLISH JOURNAL — I always said you should know what the other person is going to say before they say it.

パルバース：私はこれまで、4つの言語を教えてきました。英語、ロシア語、ポーランド語、日本語を教えたことがあります。それに長年、日本で英語を教えました。どの言語であれ、すべての語学の授業で生徒には常にこう言ってきました――これは『ENGLISH JOURNAL』の読者にはたいへん奇妙に聞こえるかもしれませんが――相手が何を言おうとしているのか、相手がそれを言う前に理解すべきだと、常に言ってきました。

Obviously, it's a kind of ❶paradox and a kind of mystery. You can't know everything that people are going to say. But you're so interested in that person, at that moment, you're focusing on that ❷interchange. You've studied the culture of that country, the religion — that's why just these tests which ❸claim to test people's knowledge of language, which are just words, are

もちろん、これは一種の逆説であり、一種の謎でもあります。人が言おうとしているすべてのことを知ることはできません。しかし、その人物に深い関心を寄せているなら、その瞬間、その会話に集中しているのです。その国の文化や宗教を学んできました――だから、単語でしかない言語知識をテストするという試験は、役

❶**paradox**　逆説、パラドックス
❷**interchange**　やりとり、（意見などの）交換
❸**claim to do**　～すると主張する
❹**effective**　有効な、効果的な
❺**express oneself**　自分の考えを述べる、自己を表現する
❻**sure enough**　思ったとおり、果たせるかな、案の定
❼**behavioral**　行動の
❽**approach**　接近方法、取り組み、アプローチ
❾**aspect**　局面、側面

not ❹effective. You need to know a lot about the person — what their country is like, what their religion is like, you know, the history, as much as possible. It's not always possible, but as much as possible. So then, and you know the way they ❺express themselves.

And you're in a discussion with them and you think, "Ah, he'll probably say that now." And ❻sure enough, he says, "Well, I think such-and-such and such-and-such." And then, you, you don't understand the words so well, but you know, you know basically what kind of a person he is, what he would say in this context. So it's a kind of ❼behavioral ❽approach to language in that, because language is only one ❾aspect of somebody's total behavior. So it's not only a matter of words. And that's why I say you learn a language not only with your eyes and your ears but through the pores of your skin.

Interviewed by Kazumoto Ohno

に立たないのです。あなたは、相手についていろいろと知っておく必要があります——相手の国、宗教、歴史について、できるだけ多く。いつでもそうできるわけではありませんが、できるだけ知るようにする。そうすれば、相手が自分をどう表現するかがわかります。

相手と議論するときに、「ああ、彼は多分、今あのことを言うだろう」と考える。すると、案の定、相手は「うん、私はこれこれだと思う」と言う。その言葉をそれほど理解できなくても、相手がどんな人物であるか、またこの文脈で相手が何を言うかは、基本的にはわかります。言語はある人物の行動全体の一側面に過ぎないわけですから、その意味で、これは、言語に対する一種の行動面からのアプローチと言えます。ですから、これは言葉の問題だけではないのです。だからこそ、目や耳だけでなく、毛穴を通して言語を学ぶべきだと、私は言うのです。

（訳：増田恵里子）

Follow-Up-Column

パルバース氏本人に訊く"驚くべき日本語"のその後

若い世代に受け入れられやすい「日本語は易しい」という考え

――『驚くべき日本語』は2020年に文庫化もされましたが、反響はいかがでしたか?

文庫版が出たときは、読者からたくさんの声が届いて驚きましたが、うれしかったですね。日本人は自分たちの言語について思い込みがあって、その思い込みは、自己表現を「唯一無二」のものであると感情的にとらえていることに由来します。若い世代の読者は年配の人たちよりも国についての考えが開けているかもしれません。何人もの若い人から「目からウロコが落ちました」と言われました。

――「話し言葉に限れば、日本語は世界の共通語にしてもいいくらい易しい言語だ」というお考えは、今もお変わりありませんか?

ええ、変わりません。今、日本でテレビを見ていると、流暢に日本語を話す外国人がたくさん出てきます。私自身、世界各地から日本にやって来た友人たちと日本語で話すことがよくあります。たとえ話の輪の中に日本人がいなくても。本の中で私は、日本語の柔軟性について書きました。さまざまな年代や社会的な集団に属する人々が、微妙な意味合いを表現する際に必要な順応性や融和性のことです。このことに気づけば、外国人でも容易に自分の言いたいことを日本語で繊細に、かつ深く表現できるのです。私の好きなことわざに「裏の畑のなすびの花には千に一つも無駄がない」というのがあって、これは、なすびに咲いた花は一つ残らず実を結ぶ、という意味です。無駄なものなどないのです。日本語の表現は簡潔であり、大半の日本人が考えているのとは裏腹に、明確で要を得たものなのです。

――現在の先生のご活動について教えていただけますか?

3部作の小説をちょうど書き終えたところです。4年かかりました。これは3組の家族とその他大勢の人物が出てくる小説で、昭和全期を通して描いています。3部作のタイトルは『昭和』。ミステリー・スリラーです。それから、去年の夏、日本語書き下ろしの戯曲『パルバース版 銀河鉄道の夜』を「三田文学」で発表しました。今(2023年2月)は2つの映画のプロジェクトに取り組んでいるところです。「多芸は無芸」とは私のことでしょう。この本が来年出版されれば、私は80歳になっていますが、そろそろ自分は何になりたいのか、決めなくてはいけませんね。

『ENGLISH JOURNAL』初出一覧

バラク・オバマ(2015年7月号)

ミシェル・オバマ(2015年5月号)

サミュエル・ハンチントン(2004年11月号)

ブラッドリー・クーパー(2015年7月号)

ジェーン・グドール(2009年7月号)

山中伸弥(2013年5月号)

ヒラリー・クリントン(2020年6月号)

エマ・ワトソン & グロリア・スタイネム(2016年10月号)

ポール・クルーグマン(2019年6月号)

ベニシア・スタンリー・スミス(2010年2月号)

ロジャー・パルバース(2014年9月号)

英語で聴く
未来に語り継ぎたいインタビュー＆スピーチ
ベストセレクション

発行日　2023年4月13日（初版）

企画・編集：株式会社アルク出版編集部
装丁・本文デザイン：伊東岳美
ナレーション：Howard Colefield
録音・編集：株式会社メディアスタイリスト
DTP：株式会社秀文社
印刷・製本：萩原印刷株式会社

発行者：天野智之
発行所：株式会社アルク
〒102-0073　東京都千代田区九段北4-2-6 市ヶ谷ビル
Website：https://www.alc.co.jp/

PC: 7023023　　ISBN978-4-7574-4021-0